现代商贸研究丛书

丛书主编：郑勇军
副主编：肖 亮 陈宇峰

教育部省部共建人文社科重点研究基地
浙江工商大学现代商贸研究中心

对外贸易、FDI与中国城乡居民收入变化

赵晓霞 著

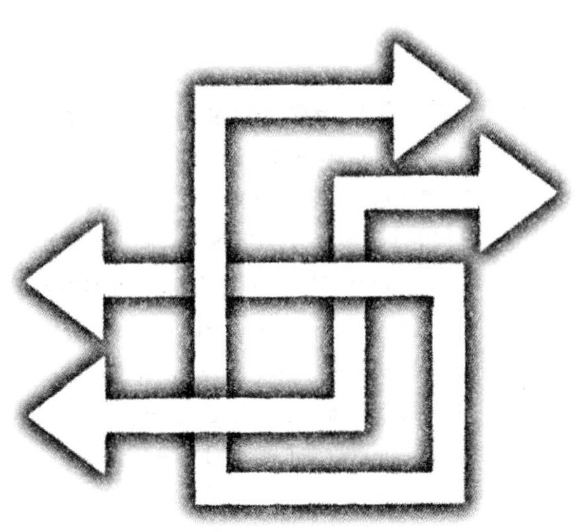

经济科学出版社
ECONOMIC SCIENCE PRESS

图书在版编目（CIP）数据

对外贸易、FDI与中国城乡居民收入变化／赵晓霞著．
—北京：经济科学出版社，2012.2
（现代商贸研究丛书）
ISBN 978－7－5141－1588－8

Ⅰ.①对…　Ⅱ.①赵…　Ⅲ.①对外贸易－影响－居民收入－收入分配－研究－中国②外商直接投资－影响－居民收入－收入分配－研究－中国　Ⅳ.①F126.2

中国版本图书馆CIP数据核字（2012）第025816号

责任编辑：柳　敏　马金玉
责任校对：康晓川
版式设计：代小卫
技术编辑：邱　天

对外贸易、FDI与中国城乡居民收入变化
赵晓霞　著
经济科学出版社出版、发行　新华书店经销
社址：北京市海淀区阜成路甲28号　邮编：100142
总编部电话：88191217　发行部电话：88191540
网址：www.esp.com.cn
电子邮件：esp@esp.com.cn
北京汉德鼎印刷有限公司印刷
河北省三河市德利装订厂装订
710×1000　16开　11印张　200000字
2012年3月第1版　2012年3月第1次印刷
ISBN 978－7－5141－1588－8　定价：18.00元
（图书出现印装问题，本社负责调换）

本书资助项目：

1. 教育部省属高校人文社科重点研究基地浙江工商大学现代商贸研究中心资助。

2. 2011年上海市教委科研创新重点项目，项目编号：11ZS184。

3. 2010年上海市高校优秀青年教师科研专项基金，项目编号：SLX10013

总　序

随着经济全球化和信息化的快速推进，全球市场环境发生了深刻的变化。产能的全球性过剩和市场竞争日趋激烈，世界经济出现了“制造商品相对容易，销售商品相对较难”的买方市场现象。这标志着世界经济发展开始进入销售网络为王时代，世界产业控制权从制造环境向流通环境转移，商品增加值在产业链上的分布格局正在发生重大变化，即制造环节创造的增加值持续下降，而处在制造环节两端——商品流通和研发环节所创造的增加值却不断地增加。流通业作为国民经济支柱产业和先导产业，已成为一国或一个地区产业竞争力的核心组成部分。在全球化和信息化推动下的新一轮流通革命，引领着经济社会的创新，推动着财富的增长，正在广泛而深刻地改变着世界经济的面貌。

世界经济如此，作为第二大经济体和全球经济增长火车头的中国更是如此。正处在经济发展方式转变和产业升级转型的关键时期和艰难时期的中国迫切需要一场流通革命。

在20世纪90年代中后期，中国已从卖方市场时代进入买方市场时代。正如一江春水向东流一样，卖方时代一去不复返。买方市场时代的到来正在重塑服务业与制造业的关系，以制造环节为核心的经济体系趋向分崩瓦解，一种以服务业为核心的新经济体系正在孕育和成长。在这一经济转型的初期，作为服务业主力军的流通产业注定被委以重任，对中国经济发展特别是经济发展方式转变、产业升级转型以及内需主导型经济增长发挥关键性的作用。

中国经济的国际竞争优势巩固需要一场流通革命。随着中国经济发展进入工业化中期、沿海发达地区进入工业化中后期，制造业服务化将是大势所趋，未来产业国际竞争的主战场不在制造环节，而是在流通环节和研发设计。谁占领了流通中心和研发中心的地位，谁就拥有产业控制权和产业链中的高附加值环节的地位。改革开放以来，我国制造业发展取得了举世瞩目的成就，在国际竞争中表现出拥有较强的价格竞争优势和规模优势，但流通现代化和国际化明显滞后于制造业，物流成本和商务成本过高已严重制约我国产品价格的国际竞争优势。随着我国土地、工资和环保等成本上升，制造成本呈现出刚性甚至持续上升的趋势已大势所趋。如何通过提高流通效率和降低流通成本，继续维持我国产品国际竞争的价格优势，将会成为我国提升国家竞争优势的重大的战略选择。

中国发展方式转变和产业升级需要一场流通革命。中国经济能否冲出"拉美式的中等收入陷阱"继续高歌前行，能否走出低端制造泥潭踏上可持续发展的康庄大道，能否激活内需摆脱过度依赖投资和出口的困局，关键取决于能够通过一场流通革命建立一套高效、具有国际竞争力的现代流通体系，把品牌和销售网络紧紧地掌控在中国人手中，让中国产品在国内外市场中交易成本更低，渠道更畅，附加值更高。

中国社会和谐稳定需要一场流通革命。流通不仅能够吸纳大量的就业人口，还事关生活必需品供应稳定、质量安全等重大民生问题。目前，最令老百姓忍无可忍的莫过于食品安全问题。中国市场之所以乱象丛生，与中国流通体系的组织化程度低、业态层次低，经营管理低效和竞争秩序混乱不无关系。中国迫切需要一场流通革命重塑流通体系。

令人遗憾的是，尽管流通业作为国民经济支柱产业和先导产业的地位将会越来越突出，但中国学术界和政府界却依然以老思维看待流通，几千年来忽视流通，轻视流通的"老传统"依然弥漫在中国的各个角落。改革开放以来我国形成了重工业轻流通、重外贸轻内贸的现象没有得到明显改观。

中国需要一场流通革命，理论界需要走在这场革命的前列。这就是我们组织出版这套丛书的缘由。

浙江工商大学现代商贸研究中心（以下简称"中心"）正式成立于2004年9月，同年11月获准成为教育部人文社会科学重点研究基地，是我国高校中唯一的研究商贸流通的人文社科重点研究基地。成立7年以来，中心紧紧围绕将中心建设成为国内一流的现代商贸科研基地、学术交流基地、信息资料基地、人才培养基地、咨询服务基地这一总体目标，开展了一系列卓有成效的工作。目前，中心设有"五所一中心"即：流通理论与政策研究所、流通现代化研究所、电子商务与现代物流研究所、国际贸易研究所、区域金融与现代商贸业研究所和鲍莫尔创新研究中心。中心拥有校内专兼职研究员55人，其中50人具有高级技术职称。

成立7年以来，中心在流通产业运行机理与规制政策、专业市场制度与流通现代化、商贸统计与价格指数、零售企业电子商务平台建设与信息化管理等研究方向上取得了丰硕的科研成果，走在了全国前列。在最近一次教育部组织的基地评估中，中心评估成绩位列全国16个省部共建人文社会科学重点研究基地第一名。

我们衷心希望由浙江工商大学现代商贸研究中心组织出版的现代商贸研究丛书，能够起到交流流通研究信息，创新流通理论的作用，为我国通通理论发展尽一份绵薄之力。

郑勇军

浙江工商大学现代商贸研究中心主任

2011年12月6日

序　言

本书系赵晓霞的博士论文，这也是我所指导的众多博士论文中的一篇，按照时下的标准衡量，也算得上一本“力作”了。何为“力作”？权威的解释是“精心之作”或“鼎力之作”。我的理解，就是作者几乎将其所有精力和才能都花上去的作品。选定一个题目或一种现象，琢磨上一二年时间，而后完成一篇有一定新意的博士论文，应该说不是件太容易的事儿。这首先得摆脱各种物欲尤其是商业与公务利益的诱惑，静得下心来。而静下心一门心思读书、思考或琢磨一种现象，本身也是有前提条件的。前提条件就是古人所说的“有定”，亦即从世俗忙碌中脱身，停下来超脱一点！记录孔子语录的《大学》说得好，“定而后能静，静而后能安，安而后能虑，虑而后能得”。我对这些话的“现代感悟”是，只有停下来“超脱”一点儿，才能达于平心静气的境地；而只有平心静气了，才能去认真思考，而静心思考之后多少会有新的见解的。就这个意义来看，赵晓霞这篇博士论文亦可谓静心之作，虽然静心的程度与先贤们的教诲和导师的期盼差了不少。

本书无疑是赵晓霞的个人成果，但因着博士论文的特殊“出身”，还应视为团队与学术平台的产物，说具体点是与学术团队磨合互动及借助学术平台修成的一件作品。客观的来看，博士论文的产生显然与一般学术著述不同，一般学术著述——我说的是好的合格的学术著述——当是成熟的专业人员的作品，往往是作者的有感而发。而其“有感”，则多半得益于长期的学术积累。与一般学术著述不同，博士论文多半是培养与训练高级专业人才的一种“副产品”。在我看来，一篇博士论文的产生，实际上肩负着“双重任务”：一重是专业人才的训练，另一重是某个专业研究的创新。此种“双重任务”大抵是通过三个层次的专业人员磨合与互动完成的：第一个层次是导师与学生之间的磨合与互动。时下国内大学，所招博士生多半属于学术的“门外汉”，要将“门外汉”带入门内，促其找到学术兴趣，进而选准努力方向，就不是一件容易的事儿。而要将其带入或“推入”较高的学术境界，更是件富有挑战性的工作。第二个层次是师门团队的磨合与互动。早几年国内招博带博，一个导师门下往往有十几名甚至几十名硕博研究生，由此形成一个规模不小的团队。团队成员间在学术背景以及人生经历上不尽相同，若假以科学的组合，造就一种学术争鸣氛围，则无异于一个好的学术平台，可据以实践“学”与“问”或切磋学问，拓展学术视野。第三个层次是院、所，好的学院与研究所往往是个开放的学术交流平台，可以借以吸纳国内外大师级学者讲学、访问，实施学术交流。这不仅可给学子们提供多样性的选择，而且有助于他们摆脱狭隘的师门与学科偏见，练就宽广的学术视野。作为导师，我清楚地知晓，包括赵晓霞在内的师门的每一个同学的专业训练与学术成长，都不同程度地得益于上述三个层次的团队或平台之利。

现在谈谈我对本书的一点看法。本书主题从标题上即可一目了然之，这便是外贸与外资对中国城乡居民收入差距的影响。这个主题的起点或曰“自变量”，是最近三十年以来中国对外开放的两根“大支柱”，亦即对外贸易和引进外资，落点或曰“因变量”则是一个大而棘手的“中国老问题”，这便是城乡居民收入差距。将这两组大的变量联系在一起，考察自变量变化对因变量的影响，符合当今主流经济学之一般研究范式，无疑有益于系统地训练主流经济学思辨程式，演练其方法。而其理论与实证工作的包容性，则与博士论文所应有的包容性相当，因而具有足够的创新空间。论及创新，当是一篇学术论文的灵魂。就这篇博士论文来看，其选题视野本身就是个创新，而其内容上最大的创新，要数对上述自变量与因变量之间逻辑关系的综合性分析。系统地梳理了从外贸外资到城乡居民收入两组变量之间效应的形成与传导机理，理出了四个子系统，并予以综合。论文的一些结论引人深思，比如关于外贸和外资之于城乡居民工资性收入，研究发现外资对农村居民的工资性收入增加的影响明显大于外贸，而外贸对城镇居民收入增加的影响大于外资。两种开放效应的“城乡倒置”现象，值得决策者们去关注。目前中国外汇储备过剩与乡村贫困并存的“悖论”情景，或许是对这一结论的一种印证。

当然话又说回来，这毕竟是一部博士论文，不能期盼太多。按照前述《大学》之“有定”、“能静”的标准衡量，时下国内大学还不具备这样的条件，使学子们真正能够达到一种“超脱”的境界，专心于学问。客观的来看，时下国内上大学与读研的人数虽在“与时俱增”，但其中“有定”者不多，“能静”者寥寥，而“安”与“虑”皆备者可谓凤毛麟角了。是故，有了大科学家钱学森先生的“世纪之问”：“何以我们的大学培养不出杰出人才?”作为博士生导师，有了钱老的“世纪之问”，也似乎有了一种貌似大度的“托词”：不要对学子们期盼太多，只要他们能够顺利完成学业，提交一篇还算可以的博士论文，送审得到佳评，答辩顺利通过，且有勇气修改出版，也就可以了！

客观地评价，赵晓霞这篇博士论文算是跃过了上述“中式标准”的底线，作为她的导师，自然感到欣慰！故乐意为其作序。

赵 伟

2010 年 11 月 1 日于浙江大学

摘　　要

中国城乡居民收入的变化及其影响因素是近年经济学研究领域的一个重要论题。现有研究大多聚焦于一些国内因素，诸如制度变革、要素流动以及技术溢出等，而忽视了一个重要的变量，即对外开放，尤其是对外贸易与 FDI（对外直接投资）等因素。对外开放等外生变量是中国近些年经济增长的重要动因之一，其对城乡居民收入及其差距的变化必然会产生一定影响。本书主旨，就在于对对外贸易和 FDI 对中国城乡居民收入变化的影响，尤其是对整体收入水平、收入差距和收入结构等变化的影响，进行从机制进而实证的考察与分析。

理论方面，本书以现有文献梳理作为铺垫，对对外开放与收入变化的机理分两个步骤做了系统性梳理：第一步，考察对外贸易对收入变化的影响机制，梳理出贸易影响中国城乡居民收入变化的四大机制：要素价格机制、需求偏好机制、技术进步机制和劳动力市场弹性机制。研究认为，贸易通过这四大传导机制影响不同层次、不同需求以及不同类型居民收入的变化，从而引起收入水平、收入差距和收入结构的变动。这其中尤以要素价格机制为典型，中国以非熟练劳动密集产品出口的贸易模式会导致非熟练劳动要素价格的提高和熟练劳动力相对工资的下跌，工资不平等程度降低。第二步，考察 FDI 影响中国居民收入变化的机理。FDI 通过技术溢出机制和就业拉动作用对收入变化产生影响。而在中国，就业拉动的作用更为明显。

实证方面，本书使用 1984～2006 年间中国城乡收入的相关数据，对贸易、FDI 与中国城乡居民收入水平、收入差距和收入结构之间的关系进行实证研究。检验分三个方面展开，分别为单位根检验、协整关系检验和协整关系的精确估计。同时还对影响收入变化的其他变量如技术水平、GDP 等进行了有效控制。通过实证检验，可以得到以下三个主要结论：

首先，对外贸易和引进 FDI 均会对农村居民和城镇居民有着非常明显的影响，而且开放程度越高，居民收入增加的就越快。从具体的系数来看，FDI 对城镇和农村居民收入的拉动作用要大于对外贸易。对外贸易和 FDI 都可以带来技术的溢出效应，这有利于东道国生产技术水平的提高，生产效率的增加，进而有利于居民收入水平的提高。

其次，时间序列的计量结果表明：从长期来看，对外贸易和引进 FDI 对农村地区和城镇地区的影响作用相反，它们对农村地区的居民收入差距有缩小的效应，而对城镇地区居民收入分化有扩大的效应。这说明开放给我国农村居民带来的非农收入有利于弥合自然禀赋差异导致的农村内部收入差距，而城镇内部技术劳动力对技术溢出的吸收效率要高于非技术劳动力。从短期来看，对外贸易和引进 FDI 对农村和城镇居民收入内部差距影响差异不大，对外贸易对农村和城镇内部居民收入分化有负的渐增影响，而引进 FDI 对农村和城镇内部居民收入分化影响的过程是先正后负。笔者还利用面板数据研究了对外贸易和引进 FDI 对城乡之间居民收入差距的影响，通过检验变量序列的平稳性，并对变量之间是否存在协整关系做了判断和估计，检验结果显示对外贸易和引进 FDI 都有利于缩小城乡之间居民收入差距，这与经典的要素价格均等化定理（FPE）和斯托尔帕—萨缪尔森定理（SS）定理是一致的。

最后，计量检验结果显示，对外贸易对农村居民收入结构并没有表现出明显影响，而引进 FDI 程度越高，农村居民收入中工资性收入比例越高；对外贸易和引进 FDI 都会显著影响到城镇居民收入结构，不过效果相反，对外贸易会显著提高城镇居民的工资收入比例，而引进 FDI 却可以显著降低城镇居民工资收入比例。

综上所述，本书通过对对外贸易、引进 FDI 与中国城乡收入变化的考察，分析了开放条件影响我国城乡收入水平、收入差距和收入结构的机理，并在此基础上进行了相关实证检验，结果表明对外贸易、引进 FDI 不仅能够大幅提高我国城乡居民收入水平，而且有利于缩小城乡收入差距，对收入结构的变动具有一定影响。

第1章 导　论

1.1 选题的意义与目的

对外贸易之国民收入增长及其分配效应，是贸易经济学持续关注的重要论题之一。在经济学创始人亚当·斯密那里，暗含着经济开放是专业化分工的前提，并据以推论，分工与专业化能够极大地促进国民财富的增长。随着新古典贸易理论的发展，经济学家们基于一系列假定条件，沿着贸易——要素价格——要素所有者收入（或要素收益）的线索进行模型推论。这一推论延伸应用于对发展中国家与发达国家的比较研究，得出的结论大多认为，对外贸易对于劳动者收入差距的影响，在发达国家与发展中国家不同：在发展中国家具有缩小劳动者收入差距效应，在发达国家则具有扩大异质性劳动力收入差距的效应［戴维斯（Davis），1996；伍德（Wood），1997；汉森和哈里森（Hanson and Harrison），1999］。但上述结论近些年以来不断受到质疑，质疑不仅针对贸易之收入分配效应提出，而且将FDI（外来直接投资）引入，置于更宽泛的对外开放框架下考察［埃文斯和廷柏莱克（Evans and Timberlake），1980；沙利文（Sullivan），1983；高柏和克莱恩（Goldberg and Klein），1999；李（Lee），2006］。

就中国而言，改革开放30年以来，作为开放的主要形式对外贸易和吸收外国直接投资都取得了迅速发展。1978年的中国进出口总额为206.4亿美元，贸易逆差20亿美元，到2007年，中国进出口总额达到了2.1738万亿美元，顺差达到2620亿美元，成为全世界第二大出口国；贸易发展的同时，我国吸收外国直接投资也卓有成效，通过30年的改革开放，中国吸引外国直接投资（FDI）实际金额累计达到了 6919 亿美元，在一些发达地区，尤其是珠三角、长三角、京津塘一带，形成了产品配套程度很高的产业集群，承接着国际产业链的转移。① 改革开放带来收入巨大增长的同时，收入差距也逐步凸显，并成为中国迫切需要解决的现实问题和学者极为感兴趣的研究课题。早期的研究中，最具代表性的是基于库兹涅茨（S. Kuznets）曲线的“公有制经济倒 U 曲线假说”及“阶梯形变异论”的提出（陈宗胜，1994），不过后来的研究更多地开始怀疑“倒 U 曲线”对我国收入差距的解释能力（李实等，1999），开始从居民个人收入的现状、成因、决定因素和调节建议等各个侧面来研究中国居民收入问题，而且大部分研究都承认，对于中国这样一个城乡分割的典型二元经济结构，要想研究中国居民收入及其分配问题，除了要研究城乡之间的居民收入问题，更重要的还要研究城镇内部和农村内部各自的收入决定、差距及其构成。

基于理论研究来看，经典的 H-O 理论、要素价格均等化定理（FPE）、斯托尔帕－萨缪尔森定理（Stolper and Samuelson，1941）和雷布钦斯津定理（Rybczynski，1955）均认为，禀赋差异的国家通过贸易来分工生产的过程会导致国内要素价格（包括劳动力工资）的相对改变；而资本的国际流动（FDI）会带来技术外溢效应，进而影响东道国劳动力的就业和工资水平［斯劳格赫特（Slaughter），1995］。从城乡居民收入结构的变化来看，家庭联产承包责任制使得农户成为独立的生产单位，农民的农业生产积极性得到极大提高，外贸和外资的增长为家庭过剩劳动力向非农产业转移提供了机遇，改变了农村家庭收入的构成并拉大了农村居民内部的收入差距；与此同时，在国有企业改革和发展多种所有制经济的改革政策指引下，外向型经济得以快速发展，我国城镇居民收入构成打破了之前的单一格局，多种收入来源得以涌现，原来高度平均的收入分配状况逐渐发生变化，收入差距日趋明显。如何在保证城乡居民收入持续稳定增长的同时，调整城乡居民的收入构成，并缩小城乡之间、城市内部和农村内部各群体之间的收入差距在当前具有显著的理论和现实意义。

① 数据来自商务部网站。

1.2 研究方法

本书主要研究方法沿袭了经济学已有规范方法，以及近些年拓展的一些新方法，考察对外贸易、FDI与我国城乡居民收入变化的关系。在分析过程中，本书既注重理论分析方法，也注重实证分析手段，依据研究内容和不同阶段选择适宜的方法和途径，使定性分析与定量分析、逻辑演绎与经验归纳能够有效结合，力求多角度、多方法、多层次相结合研究开放与收入问题。具体而言，本书所采用的主要研究方法可归纳如下

第一，文献分析与历史归纳相结合。在梳理已有研究成果的基础上，通过历史比较，并结合中国实际，归纳适合中国收入问题的机理，并找到潜在的研究空间，寻找研究突破口。这既是对已有研究成果的尊重，也是了解学术前沿和发展脉络、避免重复劳动的必要途径。

第二，实证分析与规范分析相结合。本书在充分把握丰富历史文献的基础上，分析不同开放模式对城镇和农村居民收入变化的决定理论，并提出一些理论见解充实该理论。此外，在进行主观判断的同时，进行客观事实的研究，力求做到每一种理论解释都有实证研究的支持。

关于面板数据的单位根检验，计划采用5种方法：LLC、Breitung、IPS、FisherADF和FisherPP，而协整关系的检验计划采用Pedroni和Kao方法加以检验。关于协整关系的估计方法，本书选择动态最小二乘法（DOLS）。在实证研究中采用大样本数据的统计分析方法。采集我国宏观经济多年的数据，用实证的分析方法给予理论有力的支撑。

第三，横向比较和纵向考察相结合，本书从纵向的角度考察了中国20多年间城乡居民收入水平、收入差距、贸易、FDI、技术水平、GDP等多项指标，并结合相关方法进行比较分析，寻找规律。同时，本书还从横向的角度分别比较了贸易开放、投资开放分别对于城镇和农村居民收入及其差距的影响，以便得到系统的结论。

1.3 研究的主要内容与框架结构

1.3.1 文献回顾

本书系统地回顾和评述了关于开放和收入水平、收入差距方面的文献，包括对外贸易、FDI 与一国整体收入水平、收入差距以及关于中国的研究，通过文献梳理，也许可以发现适应中国的相关理论基础和实证方法，并对现有研究的不足之处加以完善。

1.3.2 对外贸易、FDI 与中国城乡居民收入变化的机理分析

本书第 3 章，在现有理论发展的基础之上，分别探讨国际贸易、外国直接投资对于中国城镇、乡村居民收入影响的机制，试图从理论上寻找到合理的逻辑关系并总结出贸易影响收入变化的四大机制：要素价格机制、需求偏好机制、技术进步机制和劳动力市场弹性机制。贸易通过这四大传导机制影响不同层次、不同需求以及不同类型居民收入的变化，从而引起收入水平、收入差距和收入结构的变动。FDI 则会通过技术溢出机制和就业拉动的作用对收入变化产生影响。

1.3.3 对外贸易、FDI 以及中国居民收入差距的测度

一国参与国际经济的程度可以用对外开放度来刻画，并且有多种方法来测度，这其中外贸依存度和外资依存度是两个常用的衡量外贸开放和外资开放的指标。在第 4 章，笔者将借用这两个指标对改革开放 30 年来，我国贸易开放度、外资开放度加以测算，并深入到地区、省份内部，比较在不同年份，贸易开放度和外资开放度在地区的差异。

相对于贸易开放度和外资开放度，对居民收入差距的测度会更加复杂。基于现有的数据收集，在第 4 章则分别选择了城乡收入比、结构相对

数、基尼系数和泰尔指数来衡量我国城乡之间、城镇内部和农村内部居民收入的不平等程度。在这里不仅对全国水平做了测算，还对东、中、西三大地区和每个省份内部都做了测算，目的就是要对中国城乡居民收入差距、城镇和农村内部居民收入差距有更加深入和详细的认识。

1.3.4 对外贸易、FDI与城乡居民收入增长

无论是农村居民还是城镇居民，在改革开放之后，收入水平都获得极大提高，但农村居民收入增长放缓，城镇低收入群体不断增加的局面也是不争事实。在城镇和农村居民收入变化的过程中，开放，特别是对外贸易和外国直接投资对城镇和农村居民收入增长作用如何？在本书的第5章就此问题做出严格的实证检验。对这个问题的清楚认识，有助于我们利用对外贸易和外国直接投资继续增加城镇和农村居民的收入，提高他们生活水平。

1.3.5 对外贸易、FDI与城乡居民收入差距

在我国城镇和农村居民收入大幅度增长的同时，其收入关系的严重不平等也已被大多学者证实，那么在收入差距不断扩大的过程中，对外贸易和外国直接投资又起到了怎样的作用？在本书的第6章将对这一问题做出解答。同样，收入差距可分为城镇内部、农村内部和城乡之间，本文将检验对外贸易和外国直接投资对这三个层次收入差距的具体影响。

1.3.6 对外贸易、FDI与城乡居民收入结构

在前面研究了贸易、FDI对收入增长和差距的影响，在随后部分将研究贸易、FDI对于城乡居民收入结构的影响。我国城乡居民收入结构在改革开放之后发生了多元变化，大量农村劳动力开始向非农产业的转移导致农村家庭居民收入结构的变化，在城镇，随着国有企业承包制、股份制改革的推进和深化、非国有企业的大力发展，城镇居民的收入结构也发生了改变。收入结构的变化是来自于经济体制的改革，而开放是经济体制改革中的重要一环，那么对外贸易和外国直接投资对城镇和农村居民收入结构有怎样的影响？在本书第7章将给予解答。

本书的具体结构可见于图1－1。

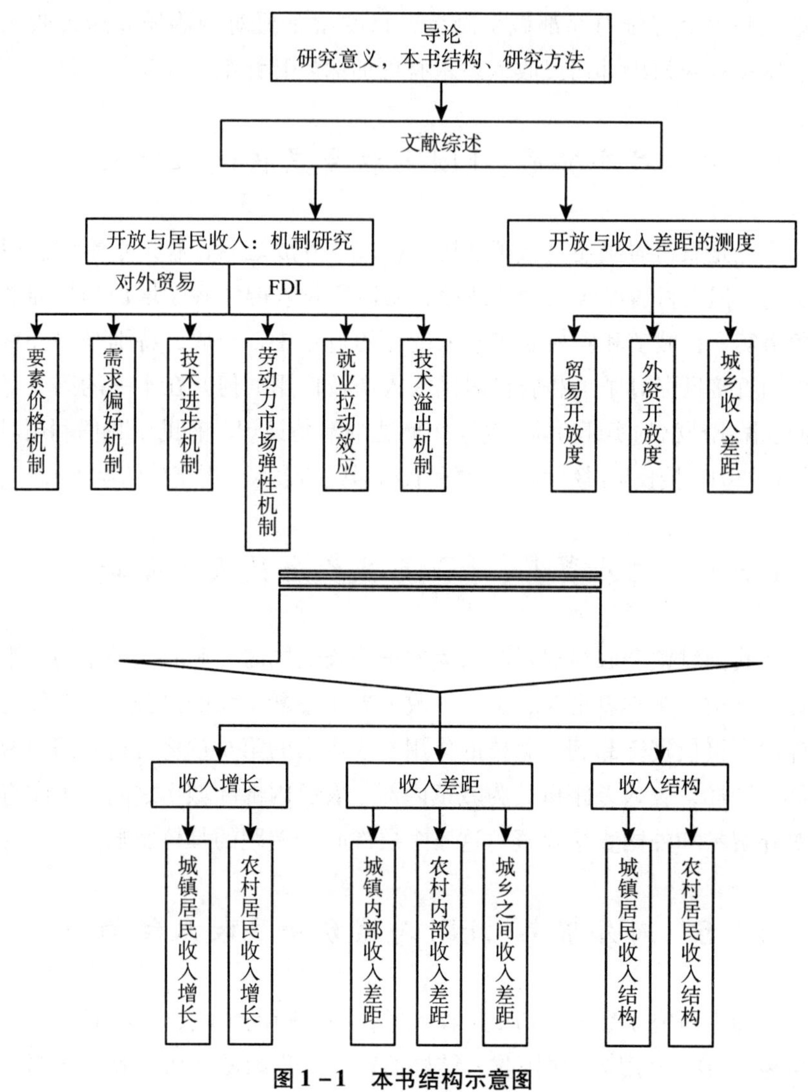

图1－1　本书结构示意图

1.4 创新点

本书可能的创新点不少于三：

其一是研究视野与论题的创新。将外贸和FDI作为外生变量引入，考察这些变量对中国城乡居民收入变化的影响，论文就此开辟了较大的创新空间。以往研究忽略的对外开放的因素是笔者的重要考察方面，本书不仅考察了对外开放与中国城乡收入差距的影响，还对整体收入水平和收入结构作了相关探讨，这是可能的创新点之一。

其二是对外贸、外资影响城乡居民收入变化的机制梳理。以往此类研究，大多注重结果而忽视过程，本书对开放这两大内涵对城乡居民收入变化的影响机制做了系统梳理。发现对外贸易影响中国收入变化的四大机制—要素价格机制、需求偏好机制、劳动力市场弹性机制和技术进步机制。引进FDI则会从就业拉动和技术溢出的渠道影响收入变化，这有助于我们从理论的层面结合中国现实更加深入地分析该问题。

其三是研究方法的创新。在分析方法方面，笔者将在检验过程中将影响收入层次的因子都做一个最佳和全面控制，这也是可能的创新之处；另外就是检验方法的选择，无论是单位根检验、协整关系检验还是协整关系分析，都将采用最前沿和准确的方法，比如单位根的检验使用LLC、Breitung、IPS、FisherADF和FisherPP等；对于面板数据协整检验选择Pedroni和Kao方法加以检验；对于具有协整关系的面板数据使用DOLS进行测算。

第2章　文献回顾

开放作为一国经济的重要方面从一开始就被引入到经济学的分析框架之中。从亚当·斯密时代开始，人们就认为开放可以提高专业分工，有利于经济的发展。在随后的新古典国际贸易理论基于一系列严格的假设条件，分析了贸易对于收入差距的影响，认为那些发展中国家会因为贸易开放而导致异质性劳动收入差距的缩小，相反会导致发达国家异质性劳动收入差距的扩大。随后大量的实证研究结果发现上述结论与事实不完全相符。类似的投资开放与收入关系，现有研究也无法得到一致结论。基于现实的变化，理论研究也不断地突破，学者们从不同的视角和更贴近现实的假定框架下，对开放与收入及其差距的关系做进一步的深化。本章即是对这个问题理论和实证研究文献的全面评述。

本章将作如下展开：第1节回顾了关于开放与一国收入增长关系的相关理论。第2节总结评析贸易对一国收入差距的影响，从经典理论开始梳理其理论发展的脉络，并归纳出实证检验的不同结论；第3节是目前关于中国收入差距的度量和开放与收入差距之间关系研究的文献回顾。第4节是对本章文献回顾的总结。

2.1　对外贸易、FDI与一国居民收入增长

开放程度与一国收入增长之间有着怎样的关系？对于这个问题的回答可以追溯到亚当·斯密时代，古典经济学的一个重要成果就是证明了开放与一国福利增长的正向关系。随后的主流经济学也基本认为：对外贸易可以提高专业化分工；可以按照比较优势分配资源以提高效率；有利于知识和技能在世界范围的传播；国际市场的竞争会加剧国内市场的竞争从而提

高企业的生产能力，增加社会财富。因此他们认为开放与经济发展之间存在着正向关系。现有的大量理论和实证研究都是围绕这个问题展开的，试图给出一个确定性的逻辑推理结论，至今仍在探索之中。

在索洛（Solow，1957）创立的新古典增长模型中，技术只是一个外生变量，并不会受到一国开放程度的影响。但后来的新增长理论逐渐抛弃了这一观点，认为贸易政策会通过对技术创新的影响而进一步左右长期经济增长，贸易开放会增加对含有高技术的投入品进口，扩大生产者面临的有效市场，导致其创新的回报增加，并影响到一国在研究密集型产品的专业化生产。可是新增长理论并没有清晰地给出贸易与经济增长之间关系的确定性结论。格罗斯曼和赫尔普曼（Grossman and Helpmen，1992）指出可以通过干涉贸易来提高长期经济增长，但前提是贸易保护能够激励在那些具有研发优势国家的研发部门的投资。

从实证分析来看，尽管研究文献数量较多，但总体来说存在一定缺憾：（1）关于开放的度量、研究方法的选取和国际样本的选择都会导致实证检验结果的差异；（2）对观察到贸易和增长的关系很难做出合理解释，如李维和雷尔特（Levine and Renelt，1992）指出那些与贸易无关的政策（如宏观经济政策、教育政策等）也会导致出口业绩和GDP的高增长；（3）大多数文献都采用横界面或时间序列数据，对于发展中国家而言，这样的横界面数据不能消除国家间无法观测到的差异，这可能会导致估计结果的有偏性，而且对于用政策调整后的一段时间的平均值或起始值来判断贸易政策的影响，可能忽略了发展中国家在随后几年里其他重要事件的发生（而这种重要事件的发生对于发展中国家而言是比较常见的）。

对贸易开放度最简单的度量方式就是进出口总额与GDP的比率，或者进出口的增长比例，这种用贸易来度量开放的方法在一定程度上不能反映政策的效果，因为还存在其他影响贸易的因素，如国家大小、外国直接投资等。为了解决这些问题，赛尔昆和钱纳里（Syrquin and Chenery，1989）、利莫尔（Leamer，1988）、爱德华兹（Edwards，1992）采用了实际贸易额和预测贸易额的差距作为因变量。对开放程度度量还可以采用行政管理数据，如平均关税水平、非关税壁垒的覆盖率。具体关于各种度量方法下的检验结果可参见表2-1，从表中可以清晰发现开放与经济增长、收入增加并不呈现确定性的关系：时而为正，时而为负，时而并不显著。

表 2－1　　　　开放与一国经济、收入增长

开放的度量	国家	时期	影响	文献
基于贸易份额的度量				
与预测贸易额的偏差	45	1973～1978 年	显著大于 0	巴拉萨（Balassa，1985）
与预测贸易额的偏差［利莫尔（Leamer），1988］		1982 年	显著大于 0	爱德华兹（Edwards，1992）
贸易额比例的变化	19	1960～1985 年	显著大于 0	何和钟（Helliwell and Chung，1991）
贸易额比例	81 LDCs	1960～1985 年	弱显著大于 0	柯斯和劳奇（Quah and Rauch，1990）
基于价格和行政管理的度量				
Bhalla and Lau（1992），不可贸易品相对世界的价格	60	1960～1987 年	提高 GDP 增长	巴拉和劳（Bhalla and lau，1992）
国内投资品相对于国外的价格	98	1960～1965 年		巴罗（Barro，1991）
贸易品相对国外的价格	95	1960～1985 年	提高每元资本 GDP 增长	多乐（Dollar，1991）
对制造业保护的效果	47	1950～1980 年	低的保护程度伴随着更快的经济增长	海特格（Heitger，1986）
根据 Thoma et al.（1991）计算的贸易自由化指数	35	1975～1988 年	出口激励会有利于 GDP 正增长，但是并不显著。	洛佩斯（Lopez，1990）
根据 Thoma et al.（1991）计算的贸易自由化指数		1978～1988 年	贸易改革会正向影响经济	托马斯和纳什（Thomas and Nash 1992）
微观和生产能力的研究				
贸易比重预测的偏差	108	1960～1982 年	正	赛尔昆和钱纳里（Syrquin and Chenery，1989）

续表

开放的度量	国家	时期	影响	文献
出口增长	4	1955～1978年	正	水美惠子和罗宾逊（Nishimizu and Robinson，1984）
出口增长	17	1950～1980年	正	水美惠子和佩吉（Nishimizu and Page，1990）
出口增长	4	1976～1988年	正	泰伯特（Tybout，1992）
进口渗透	17	1950～1973年	模糊	水美惠子和佩吉（Nishimizu and Page，1990）
		1973～1985年	负	
进口替代	4	1955～1978年	进口替代会负向影响全要素生产率	水美惠子和罗宾逊（Nishimizu and Robinson，1984）
进口替代	4	1976～1988年	进口替代会正向影响全要素生产率	泰伯特（Tybout，1992）
贸易保护的效果和国内资源成本	Turkey		模糊	克鲁格和图赛尔（Krueger and Tuncer，1982）
进口渗透的变化	UK	1976～1979年	模糊	杰罗斯基（Geroski，1989）
关税	Ivory Coast	1975～1987年	正	哈里森（Harrison，1994）
因果关系检验				
Granger 检验	37	1950～1981年	仅存在于4个国家	郑和马歇尔（Jung and Marshall，1985）
White specification 检验	73	1960～1977年	是	拉姆（Ram，1985）
Granger，Sims 检验	4（Asian NICs）		有时	萧（Hsiao，1987）
Granger 检验	Austira	1965年	不，但是生产率会影响出口	肯斯特和玛琳（Kunst and Marin，1989）

附注：来自哈里森（Harrison，1996）。

为了克服横界面和时间序列数据的影响，哈里森（Harrison，1996）

利用了时间序列数据来分析开放与经济增长的关系，分别采用下列方法来度量开放程度，分别是：（1）1960～1984 年的基于国家汇率和商业政策计算的年度贸易自由度指数［欧盟委员会等（Papageorgiou et al.），1991］；（2）1978～1999 年的基于关税和非关税壁垒计算的贸易自由度指数［托马斯等（Thomas et al.），1991］；（3）黑市汇率与官方汇率的背离程度；（4）贸易额占 GDP 的比例、国家可贸易品价格指数相对国家总体指数的波动；（5）价格扭曲指数、农业相对工业部门保护和汇率高估的偏离指数，指数越高表明越低的工业保护和越高的汇率估值［希夫和巴尔德斯（Chiff and Valdes），1992］。实证分析的结果支撑了开放与经济增长之间的正向关系。

在诸多的开放与经济、收入增长的研究中，一个不可避免的问题就是：那些富有的国家会因为贸易以外的因素，而发生较多的贸易，这是个典型的内生性问题。弗兰考尔和罗默（Frankel and Romer，1999）将一国的地理因素考虑进来作为贸易的工具变量以解决内生性问题。笔者将一国的人均收入的计量刻画如下：

$$\ln Y_i = \alpha + \beta T_i + \gamma W_i + \varepsilon_i \tag{2.1}$$

其中 Y_i 表示人均收入，T_i 表示国际贸易，W_i 表示国内贸易，ε_i 表示其他影响收入的因素。进一步将国际贸易刻画为：

$$T_i = \psi + \phi P_i + \delta_i \tag{2.2}$$

其中 P_i 表示国家之间的地理上的接近程度。而将国内贸易刻画为：

$$W_i = \eta + \lambda S_i + v_i \tag{2.3}$$

其中 S_i 表示一国的大小。带入可以得到：

$$\begin{aligned}\ln Y_i &= \alpha + \beta T_i + \gamma(\eta + \lambda S_i + v_i) + \varepsilon_i \\ &= (\alpha + \gamma\eta) + \beta T_i + \gamma\lambda S_i + (\gamma v_i + \varepsilon_i)\end{aligned} \tag{2.4}$$

为了验证在贸易上的“重力”模型，笔者还构建了一个双边贸易的“重力”模型：

$$\ln(\tau_{ij}/GDP_i) = a_0 + a_1 \ln D_{ij} + a_2 \ln S_i + a_3 \ln S_j + e_{ij} \tag{2.5}$$

其中 τ_{ij} 表示两国之间的双边贸易，D_{ij} 表示两国之间的距离。随后笔者采用了 63 个国家 1985 年的数据，检验结果发现贸易相对 GDP 每增加一个百分点，带来人均收入增加 1.5 个百分点。埃尔文和泰尔维奥（Irwin and Tervio，2002）利用了同样的方法得到了相似的结论。罗德里格斯和诺迪克（Rodriguez and Rodrik，2001）却认为基于地理因素工具变量的选取并不一定能够满足检验的条件，因为地理因素也可以不通过贸易而影响一国的人均收入水平。

结合先前研究，诺格和斯卡特（Noguer and Siscart，2005）采用了更丰富的数据对以前诸多检验的缺陷加以弥补，在考虑地理因素的时候，采纳了经度和纬度的方法。如果贸易是个外生变量，那么简单的 OLS 回归即可以得出贸易对于收入的影响：

$$\ln(GDP_i/N_i)\beta_0+\beta_1 Trade_i+\beta_2\ln(N_i)+\beta_3\ln(A_i)+u_i \quad (2.6)$$

其中（GDP/N）表示每元资本的收入，$Trade$ 是贸易占 GDP 的份额，N 表示人口，A 表示国家面积。实证分析结果表明贸易对美元资本有正的显著影响，具体的系数为 0.82。当用工具变量回归（2.6）的时候，发现每 1% 的贸易占 GDP 比例的增加会带来 2.5% 资本回报率的上升，这个结论与弗兰考尔和罗默（Frankel and Romer，1999）一致。他们在研究中进一步加入地理因素的影响，将回归方程调整为：

$$\ln(GDP_i/N_i)=\beta_0+\beta_1 Trade_i+\beta_2\ln(A_i)+\beta_3\ln(N_i)+\beta_4 Lat_i+\beta_5 Trop_i+u_i \quad (2.7)$$

其中 Lat 表示国家的纬度，$Trop$ 表示国家人口回归线以内热带的比例。发现变量贸易的系数下降到 1.04，意味着贸易每增加 1% 也会导致美元资本收入增加大约 1%。

以上研究的证据都取自于 20 世纪后半叶，当经济学者将研究的时间段提前后，上述结论受到质疑，甚至结果完全相反。瓦姆瓦柯斯蒂（*Vamvakidis*，1997）对 20 世纪 50 ~ 60 年代数据的分析发现经济增长与开放程度并不一定呈正向关系，对 30 年代数据分析认为经济增长与开放程度之间具有反向关系。笔者认为当一国的失业率很高且其他国家也采用贸易保护政策的时候，采用保护性贸易政策会有利于其经济发展。贝洛赫（*Bairoch*，1972）利用欧洲国家 1914 年之前的数据发现，在 19 世纪自我保护程度越高（高进口关税）的国家往往表现为更快的经济增长。欧罗克（*O'Rourke*，2000）对 10 个国家 1875 ~ 1914 年间数据的经验研究也发现了经济增长与关税水平的正向关系。克莱蒙斯和威廉姆森（*Clemens and Williamson*，2001，2002）对 1875 ~ 1997 年间的分析得出了经济增长与关税水平的关系在第二次世界大战前后逆转的结论，并认为一国的贸易政策往往是国家间博弈的结果，贸易伙伴国经济增长、关税水平和有效贸易距离等因素在第二次世界大战前后的变化导致了关税水平与经济增长之间关系的逆转。

由以上分析可以发现开放程度与经济增长之间的关系并不是一成不变，也就是说开放并不一定能带来经济增长。仅从经济增长的角度来看，经济理论已经告诉我们，持续的增长主要来自于要素的不断投入和技术创新，而贸易对经济增长的作用取决于贸易对技术传播的效率。

2.2 对外贸易、FDI与居民收入差距

H-O 模型主要是讨论国际贸易和劳动力市场的关系，而 *SS* 定理则在 *H-O* 的框架里提供了国际贸易和工资不平等间关系的证明。该理论的核心思想是国际贸易影响了交换条件，从而影响到要素价格。发达国家技术密集型产品价格的上升导致技术劳动工资提高，收入差距增加，而发展中国家收入不平等则呈现下降趋势。随着经济学家逐渐质疑 *H-O* 模型的一些极端假设，该模型有所发展，放松原有假设条件并融入更多现实因素，对发展中国家收入差距日益恶化的趋势做出可行解释。尽管后来更多学者认为是技术和资本而不是贸易更应该对收入不平等负责，其分析的落脚点仍然是要素价格。无论何种传导机制，最终的影响渠道都是对要素价格的冲击，这些都与 *SS* 理论一脉相承。

2.2.1 对外贸易与居民收入差距：主流理论的推断与引申

H-O 理论声称，在缺乏李嘉图所谓的外生技术比较优势时，只要国家之间存在着外生禀赋差别，也可能会产生分工经济。如果一个国家劳动力与资本比例大于另一个国家，该国可出口劳动力密集型产品，进口资本密集型产品。与 H-O 定理有关的另外三个主要的贸易定理是：要素价格均等化（Factor Price Equalization，FPE）定理、斯托普尔和萨缪尔森定理（Stolper and Samuelson，1941，以下简称 SS 定理）和雷布钦思津定理（Rybczynski，1955，简称鲁氏定理）。FPE 定理认为，商品的国际贸易将使要素价格在国家之间均等化。在某种程度上，它对要素自由流动是一种替代。SS 定理表明，若 X 相对 Y 为资本密集型，则当 X 对 Y 的价格上升

时，资本相对劳动的价格也会上升。而雷氏定理发现当劳动力相对资本增加时，劳动密集型产品产量上升而资本密集产品产量下降。

SS 定理在 H-O 的框架里提供了国际贸易和工资不平等之间关系的理论支柱。这个理论的核心是，在所有完全竞争的行业里，即零利润的情形（Zero-Profit Conditions）下，产品的价格等于平均成本。零利润的情形意味着国内生产者面临的产品价格与他们要支付的要素价格之间的系统关系。任何产品价格贸易导向型（Trade-Induced Change）的变化都会改变他们获取相对利润的机会，这会使生产者将他们的资源转向相对利润较高的产业，导致该产业对密集要素需求的增加。在要素供给不变的情形下，这些需求改变了要素价格直至零利润在所有部门重新恢复。SS 定理的核心含义是，贸易通过贸易条件影响要素价格。

在近几十年，SS 定理被集中使用在关于工资不平等的争论中。在开放经济下，如果熟练劳动密集型产品相对于非熟练劳动密集型产品价格增加，熟练劳动和非熟练劳动工资差距就会扩大［萨赫斯和沙茨（Sachs and Shatz），1994］。SS 定理将国际商品价格超比例的转换为要素价格，这被称为扩大效应（更为详尽地说，如果产品价格增长，那么要素价格至少会超比例增长）。超比例的变化归因于重新恢复要素市场均衡的部门再分配的需要。要素的比例性或者均衡性来自于不同产业的要素密集度［斯托普尔和萨缪尔森定理（Stolper and Samuelson），1941］。

现在有几种研究试图去按照 SS 模型的预测去分析北方国家工资不平等的增长。一种类型的研究集中分析发达国家产品相对价格的变化来发现非熟练劳动密集型产品的价格是否下跌。来自美国的实证并不是很支持 SS 理论，80 年代以后，相对于非熟练劳动密集的产品，熟练劳动密集型产品的价格并没有明显下跌，而这个时期该国不平等却在增长。另一类研究按照 H-O 模型理论分析贸易体现的要素国际流动，这些研究试图去分析体现在一国进出口中要素含量的变化从而讨论熟练劳动和非熟练劳动供给和需求的变化（大多会考虑美国），从而分析熟练劳动和非熟练劳动相对工资的变化［伍德（Wood），1994；克鲁格曼（Krugman），1995；巴罗加斯、弗里曼和卡茨（Borjas、Freeman and Katz），1997］。然而，这些研究导致一系列方法上的争论，比如贸易量是否能够正确体现贸易对相对要素价格的影响？要素含量法的研究有多少的实证价值？尽管有未解决的方法上的差异，目前大多研究均认为国际贸易确实要部分地为工资不平等的增长和发达国家近年来的失业负责［斯劳格赫特尔（Slaughter），1998］。

经典的SS定理与H-O理论一脉相承，其推导过程有很多严格的假设：（1）要素之间具有可替代性；（2）规模收益不变；（3）两种商品和两种要素，并且其数量不变；（4）产品和要素市场均是完全竞争的；（5）各种要素具有充分的流动性。

考虑一个两个国家、两种产品的传统赫克歇尔－俄林（Hechscher-Ohlin）模型，$A=\begin{bmatrix}\alpha_{Lx} & \alpha_{Ly}\\ \alpha_{Kx} & \alpha_{Ky}\end{bmatrix}$

是技术系数矩阵，$\overline{W}=\begin{pmatrix}w\\ r\end{pmatrix}$是要素价格向量，$P=\begin{pmatrix}P_x\\ P_y\end{pmatrix}$是产品价格向量。

$Q=\begin{pmatrix}Q_x\\ Q_y\end{pmatrix}$是产量向量，$\begin{pmatrix}L\\ K\end{pmatrix}$是要素数量的向量。假设产品$X$是劳动密集

型，即$\dfrac{\alpha_{Lx}}{\alpha_{Kx}}>\dfrac{\alpha_{Ly}}{\alpha_{Ky}}$，而产品$Y$是资本密集型。

由要素市场均衡有

$$AQ=\begin{pmatrix}L\\ K\end{pmatrix} \tag{2.8}$$

即

$$\alpha_{Lx}Q_x+\alpha_{Ly}Q_y=L \tag{2.9}$$

$$\alpha_{Kx}Q_x+\alpha_{Ky}Q_y=K \tag{2.10}$$

由产品市场均衡（利润最大化和竞争使利润为零）有$\overline{AW}=P$ （2.11）

即 $\alpha_{Lx}w+\alpha_{Kx}r=P_x$ （2.12）

$$\alpha_{Ly}w+\alpha_{Ky}r=P_y \tag{2.13}$$

对（2.12）、（2.13）、（2.15）、（2.16）求导并整理，可得

$$\hat{\lambda}_{Lx}\hat{Q}_x+\hat{\lambda}_{Ly}\hat{Q}_y=\hat{L}-\hat{\lambda}_{Lx}\hat{\alpha}_{Lx}-\hat{\lambda}_{ly}\hat{\alpha}_{Ly} \tag{2.14}$$

$$\hat{\lambda}_{Kx}\hat{Q}_x+\hat{\lambda}_{Ky}\hat{Q}_y=\hat{K}-\hat{\lambda}_{Kx}\hat{\alpha}_{Kx}-\hat{\lambda}_{ky}\hat{\alpha}_{Ky} \tag{2.15}$$

$$\theta_{Lx}\hat{w}+\lambda_{Kx}\hat{r}=\hat{P}_x-\theta_{Lx}\hat{\alpha}_{Lx}-\theta_{Kx}\hat{\alpha}_{Kx} \tag{2.16}$$

$$\theta_{Ly}\hat{w}+\lambda_{Ky}\hat{r}=\hat{P}_y-\theta_{Ly}\hat{\alpha}_{Ly}-\theta_{Ky}\hat{\alpha}_{Ky} \tag{2.17}$$

在产品X是劳动密集型的假设下，推导可得$\dfrac{\hat{r}}{P_x}<0$，$\dfrac{\hat{w}}{P_y}<0$，$\dfrac{\hat{r}}{\hat{P}_y}>0$，

$\frac{\hat{w}_x}{\hat{p}_x}<0$，从而推导得到SS定理。

为了纪念SS定理诞生50年，迪尔多夫（Deardorff，1994）将SS定理在50年内出现的对SS定理有显著贡献的10篇文章合编成辑。SS定理在50年的发展过程中出现了不同的表述，迪尔多夫总结了主要的六种版本：

（1）一般版本（General Version）：贸易保护的增加会增加稀缺生产要素的单位报酬，降低富裕生产要素的单位报酬。

（2）限制性版本（Restrictive Version）：相对于自给自足的经济，自由贸易会降低稀缺生产要素的单位报酬，提高富裕生产要素的单位报酬。

（3）精炼版本（Essential version）：一种商品相对价格的提高，会提高密集使用于这种商品的生产要素的实际报酬，并会降低其他生产要素的报酬。

（4）技术不变下的加强版本（Strong Version with Even Technology）：在其他商品的价格保持不变的情况下，任何一种商品价格的提高都会导致密集用于这种商品要素报酬的提高，也会导致其他生产要素报酬的降低。

（5）友好和敌意版本（Friends and Enemies Version）：每一种商品都会对一些要素存在偏好，而对其他要素存在敌意。

（6）关联版本（Correlation Version）：任何商品价格向量的变化，随之而来的生产要素价格向量的变化会正相关于要素密集使用的权重。

前三个版本分析的框架是两种要素和两种商品的情形，加强版本分析的框架是在特定技术条件约束下相同产品和要素，而后面两种版本的框架是任意要素和产品。迪尔多夫和史登（Deardorff and Stern，1994）认为简单地断定“由国际贸易引起的”的结论需要小心地对待。产品和服务在国家之间的流通是国家间偏好、科技、禀赋和贸易障碍的内生性结果，国际贸易和产品价格是由不同原因所决定的，贸易并不是导致产品价格变化的最根本的原因。

在这之后，斯劳格赫特尔（Slaughter，1998）从以下四个方面谨慎地重新表述了国家贸易对一国国内产品价格变化的影响：

（1）国内国际贸易政策壁垒的变化能够改变国内产品价格。

（2）外国国际贸易政策壁垒的变化会改变国内产品价格。

（3）国际贸易的自然障碍的变化也改变国内产品价格。

（4）外国偏好、技术、禀赋的变化会改变国内产品的价格。

SS定理中争议最多的是其对要素充分流动性的假设。哈伯格（Harberger）、琼斯（Jones）、迈耶（Mayer）、马萨（Mussa）、尼亚里（Neary）等经济学家对其进行了大量的批判和修正。其中，尼亚里的观点和方法最具代表性。尼亚里指出：贸易自由化将使劳动密集商品的价格上升，如果劳动和资本两种要素均不可流动，那么在考虑了价格上升因素以后，劳动密集行业的资本和劳动实际报酬均上升，而资本密集行业的要素实际报酬都下降。如果短期内劳动可流动，资本不可流动，但中长期二者均可流动，那么在贸易自由化的短期内，劳动密集商品价格上升使劳动密集行业的要素实际报酬上升，但劳动的可流动性使其报酬在两行业间实现均等化（其货币工资上升，实际工资上升与否则要看劳动力的消费结构）；在长期内，由于劳动密集行业的资本报酬较高，资本密集行业的资本要素就要向劳动密集行业转移从而引起劳动力市场上的过度需求，使劳动要素的价格进一步上升，而资本报酬也在两行业中实现均等化，相对于贸易自由化以前下降。尼亚里的推演事实上是SS定理在短期考虑了要素流动的缓慢性的推广，在长期内，二者是完全一致的。

在随后拓展的SS模型里考虑了生产要素中资本与技术劳动和非技术劳动相互补充的问题。将劳动力进行技术劳动与非技术劳动的区分，是六七十年代的理论创新，比如罗森（Rosen，1968）和格里利克斯（Griliches，1969）等，从此开始分析贸易如何影响发达国家与发展中国家国内收入差距的问题。在这里，可以使用利莫尔（Leamer，1995）供给需求图表示，如图2-1所示。

图2-1分析了两国-两产品（机器和服装）情形下，开放对发展中国家非技术劳动工资的影响，矩形的长表示非技术劳动对技术劳动的相对供给，宽表示非技术劳动对技术劳动的相对工资。d曲线表示在封闭经济下对非技术劳动的需求，由于发展中国家相对非技术劳动比较富裕，可以假设供给位于S_2的位置，决定了封闭经济下非技术劳动的相对工资为w_0。

开放经济下对非技术劳动的相对需求是D曲线，开放和封闭的一个重要区别是开放条件下一国可以专业化生产某种产品，并通过交换消费获益。当非技术劳动相对供给较大时，比如S_2，可专业化生产服装；当非技术劳动相对供给较少时，比如S_3，可专业化生产机器；当为S_1时，该国生产两种产品。此时相对工资由世界相对价格确定，在w_1的水平上。

国内劳动力供给的变化，不会改变相对工资，只会改变产出和贸易的组合，因此需求曲线呈现水平。与之相对比的是，在D曲线向下倾销的专业化生产部分，比如在S_2或者S_1，国内劳动力供给的变化会影响相对工资。比如，熟练劳动相对非熟练劳动的增加会提供非熟练劳动的工资。贸易会提高发展中国家非熟练劳动的相对工资，不论生产是多样化的还是专业化的。比如在S_2部分，对于发展中国家而言，相对工资从w_0上升至w_2。但是当劳动力国内相对供给发生变化时，对工资的影响是不同的，如图2-2所示。

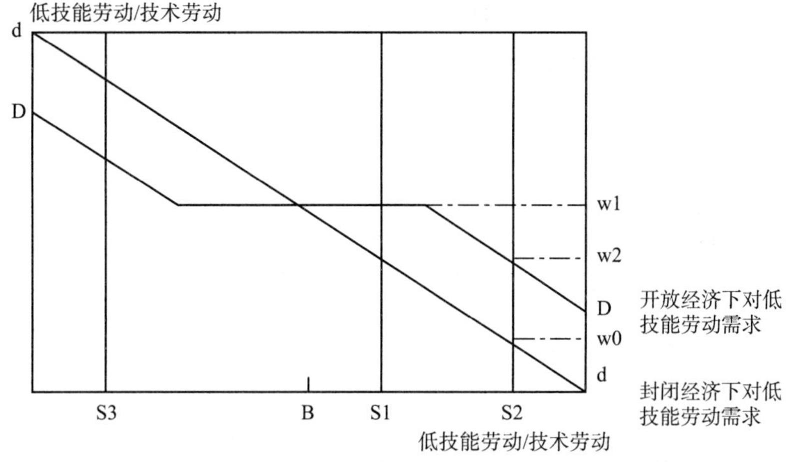

图2-1　开放对相对工资的影响：两种可贸易产品

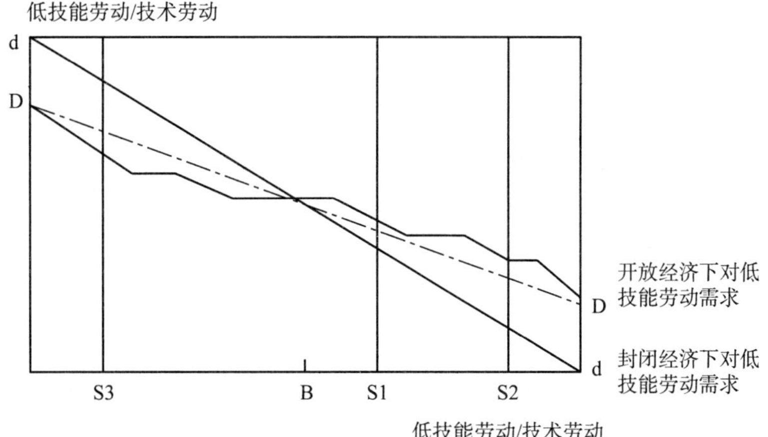

图2-2　开放对相对工资的影响：多种可贸易产品

图 2 - 2 将模型拓展为多国，多产品，多要素的情形，在这样一个包括六种产品以及至少六个国家的模型里，可以看出，开放仍然可以提高非技术劳动的工资。此时，开放条件下的需求曲线被分割成五个向下倾斜的部分，处于水平部分的国家具有相似的技术密集度，生产两种产品；而处于向下倾斜部分的国家生产一种产品，所有的国家都是专业化生产，因为没有国家可以生产出所有产品。如果有无限多的要素和产品，则开放后的需求线更像一条直线（如图中虚线部分），它比封闭经济下的弹性更低，说明开放条件下要素供给的变化对相对工资的影响比封闭情形下要小。多恩布什等（Dornbusch et al.，1980）、芬斯特拉和汉森（Feenstra and Hanson，1995）提供了一个正规的模型分析。

许多 SS 和 FPE 的假设明显不现实，尤其是经济体之间产品、要素和生产功能的同质性，因此这些理论的预测不能直接适用而只能解释为长期趋势。传统国际贸易理论关于工资差距的影响总结见表 2 - 2。

表 2 - 2　　传统国际贸易理论关于工资差距的影响

发达国家	发展中国家
开放通过产品相对价格的变化影响要素价格。开放会导致密集使用非熟练劳动力产品的价格下跌，和密集使用熟练劳动力产品价格的上升。因此，熟练劳动力的相对工资会上升，而非熟练劳动力的工资会下降	开放通过产品相对价格的变化影响要素价格。开放会导致密集使用熟练劳动力产品的价格下跌，和密集使用非熟练劳动力产品价格的上升。因此，熟练劳动力的相对工资会下跌，而非熟练劳动力的工资会上升
自由化后，非熟练劳动力遭受的相对工资下跌的幅度大于密集使用该要素产品的价格下跌的幅度	自由化后，熟练劳动力遭受的相对工资下跌的幅度大于密集使用该要素产品的价格下跌的幅度
随着自由化的加深，贸易壁垒的消除，以及市场机制不完全性和摩擦的消失，生产要素的绝对价格收敛（convergence）	随着自由化的加深，贸易壁垒的消除，以及市场机制不完全性和摩擦的消失，国家间生产要素的绝对价格收敛。
工资不平等增加	工资不平等降低

从对传统模型的分析及结论可以看出：第一，它是通过分析贸易对商品价格的影响渠道，涉及要素价格的变化。第二，贸易引起发展中国家收入差距的缩小和发达国家收入差距的扩大更代表一种趋势而不是现象。正因为如此，传统理论的几个不足也表现出来：首先，它诸多严格

的假设条件现实中并不成立，这需要后来的理论对其进行更加接近现实的修正；其次，开放的诸多模式中，贸易是最初的形式，更深层次的开放，比如劳动力与资本的流动，技术的传播和延展等均有可能对要素价格产生影响，这些也可以沿着传统模型的思路进行拓展。再次，理论需要实证的检验，后续研究中的很大部分是实证和经验检验，从现实的角度对传统理论进行修正和补充。最后，各个国家的情形千变万化，尤其是劳动力市场的特点和制度安排更是迥异，在开放的过程中，制度的作用不可忽略。

2.2.2 贸易对一国整体收入差距的影响

对收入差距的考证可以从诸多角度展开，比如对一国整体收入差距的考量，对该国内不同层次劳动间收入差距的分析等。对于一国整体不平等的测量一般采用基尼系数和五等分法。考察的关系主要是：开放程度对不平等程度的影响以及开放的变化对不平等变化的影响。根据它们假设条件的不同，大致可以分为三类：

第一类认为，更大程度的开放会导致一国整体收入不平等的增加，包括芬斯特拉和汉森（Feenstra and Hanson，1997），伍德（Wood，2002）等。

测算的形式为：

$$INQ_{it} = \alpha_0 + \alpha_1 OPEN_{it} + \alpha_2 Z_{it} + e_{it} \tag{2.18}$$

INQ 是对收入不平等的度量，$OPEN$ 度量一国资本或者贸易的开放度，Z 是一系列会影响收入不平等的其他控制变量，假设1：$\alpha_1 > 0$。

第二类认为，更深程度的开放可以减少发展中国家不平等性，但是增加发达国家的不平等，这与SS理论一脉相承，模型设计为：

$$INQ_{it} = \beta_0 + \beta_1 OPEN_{it} + \beta_2 OPEN_{it} \cdot Y_{it} + \beta_3 Z_{it} + \varepsilon_{it} \tag{2.19}$$

Y 是区分发展程度的一个定性或定量测量指标，比如 $OECD$ 国家（定性），或者人均 GDP（定量）。β_2 是测量开放对不同发展水平收入差距影响的趋势和数量。β_1 测量当 y 等于0时，开放对不平等的影响。假设2：$\beta_1 < 0$ 和 $\beta_2 > 0$。

第三种认为，开放对不平等的影响各不相同，取决于开放国家的要素禀赋（Wood，1997）。这个假设认为要素 j 相对于劳动力而言在一国的丰裕程度越高，开放对要素 j 的影响，以及 j 在国民收入中的份额就越大，因为劳动力是相对分配较为公平的要素。因此，要素 j 所占的比重越大，开放对整体收入不平等的影响就越大，用以下形式表示：

$$INQ_{it} = \chi_0 + \chi_1 OPEN_{it} + \chi_{2j} OPEN_{it} \cdot E_{ijt} + \chi_3 Z_{it} + \varepsilon_{it} \tag{2.20}$$

E 是国家 i 的要素禀赋的变量，相对于劳动力而言。系数 χ_{2j} 的含义是一国要素 j 禀赋的相对变化（相对劳动力而言）对开放收入不平等影响的方向与数量。假设3：$\chi_{2j} \geqslant 0$。

由于在测量开放中，样本国家和时间选择的差异，以及经济战略的不同等，都使结果很难比较。对于第一个假设，怀特和安德森（White and Anderson，2001），拉瓦雷（Ravallion，2001），多乐和克拉（Dollar and Kraay，2002），爱德华兹（Edwards，1997），卡尔德龙和庄（Calderon and Chong，2001）的实证检验结果认为一国的开放并没有带来显著的整体上收入不平等。但巴罗（Barro，2000），伦德贝格和斯奎尔（Lundberg and Squire，2003）又得到完全相反的结论。对于第二个假设，Barro（2000）and Ravallion（2001）都发现当人均GDP增加时，开放对不平等的影响会下降，这符合H-O理论的预测。对于第三个假设，斯匹林贝戈、伦多诺和塞凯伊（Spilimbergo，Londono and Szekely，1999）及费希尔（Fischer，2001）发现当一国人力资本增加时，开放对不平等的影响会增加。但当资本要素增加时，开放对不平等的影响会下降，而一国人均耕地的禀赋不能影响开放的效应。多乐和克拉（2002）也得到类似的结论。具体的实证检验结果如表2－3所示。

开放对整体不平等的实证检验涉及面广，角度各异，成为理论研究的重要辅助以及政策制定者的相关参考。可以改进的方面有：首先需要关注一些数据的质量。由于数据库的使用和数据设计各不相同［比如收入（income）vs. 消费（expenditure-based）；个人（personal）vs. 家庭（household income）；总收入（grossincome）vs. 净收入（net income）等］。这些可能会降低统计重要性的水准；其次，有一种可能性就是开放对不平等的影响可能被降低，可观测到的开放和一些没有观测到的开放都可能影响不平等；最后，这些研究很少涉及开放影响不平等的路径——相对要素回报，空间或性别不平等，资产不平等，政府再分配等，而这些信息对于政策制定者非常重要，如表2－3所示。

表 2-3　　开放对一国整体不平等影响的跨国比较分析*

研究学者	假设	测量不平等指标	测量开放程度指标	样本	控制变量	结果
怀特和安德森（White and Anderson, 2001）	1	Q_1，Q_1+Q_2	贸易占 GDP 比率（Trade-GDP ratio）	SYs，1960～1990	ETHNIC，GDPpc，initial Gini，INFL，LE，POL，URBAN	$\alpha_1=0$
伦德伯格和斯奎尔（Lundburg and Squire, 2003）	1	Gini	贸易占 GDP 比率	5-year PAs，1960～1994，N=38	EDUC，FINANCE，GDPpc，GOV，INFL，LGINI，POL，TOT	$\alpha 1>0$ SandW（1995），$\alpha 1=0$ trade-GDP ratio
爱德华兹（Edwards, 1997）	1，2	Gini；Q_1	贸易壁垒的五种措施 Five measures of policy barriers to trade	DAs，1970s 和 1980s，N=44	EDUC，GDPpc，INFL，	β_1，$\beta_2=0$
希金斯和威廉姆森（Higgins and Williamson, 1999）	1，2	Gini；$Q5/Q_1$	资本控制（capital controls）；进口关税和配额（tariffs/quotas on imports）；贸易占 GDP 比率及调整	DAs，1960s，1970s，1980s 和 1990s，N=85	AGE，EDUC，FINANCE，GDPpw，GDPpw2，LAND；AFR，LA，OBTYPE	$\alpha_1=0$，$\beta_2=0$

续表

研究学者	假设	测量不平等指标	测量开放程度指标	样本	控制变量	结果
巴罗（Barro，2000）	1，2	Gini	调整后的贸易占GDP比率	SYs，1960～1990，N=84	EDUC，GDPpc，GDPpc2；AFR，LA，OBTYPE	$\alpha_1>0$，$\beta_1>0$ $\beta_2<0$
拉瓦雷（Ravallion，2001）	1，2	Gini	出口占GDP比率	5－year PAs，1947～1994，N=50	BLPREM，EDUC，FINANCE，POL，URBAN	$\alpha_1=0$，$\beta_1>0$ $\beta_2<0$
卡尔德龙和庄（Calderon and Chong，2001）	2	Gini	贸易占GDP比率	5－year PAs，1960～1995，N=102	BLPREM，EDUC，FINANCE，$GDPp_C$，lagged Gini，RER，TOT	$\beta_1<0$ $\beta_2=0$
多乐和克拉（Dollar and Kraay，2002）	1，2，3	Q_1中平均收入	贸易占GDP比率及调整；进口关税占进口值比率（import taxes-import value ratio）；WTO成员资格；资本控制	SYs，1950～1999，N=92	FINANCE，$GDPp_C$，GOV，INFL，LAW；REGION	$\alpha_1=0$，β_1，$\beta_2=0$ X_1，$X_{2j}=0$

续表

研究学者	假设	测量不平等指标	测量开放程度指标	样本	控制变量	结果
斯皮林贝格等（Spilimbergo et al.，1999）	3	Gini；Q_1-Q_5	调整后的贸易占GDP比率	SYs，1965～1992，N=34	$GDPp_C$，EDUC，CAPITAL，$GDPp_{C2}$，LAND	$X_{2j}>0$（EDCATION） $X_{2j}<0$（CAPITAL） $X_{2j}=0$（LAND）
费希尔（Fischer，2001）	3	Gini	SandW（1995）	5-year PAs，1965～1990，N=66	EDCATION，CAPITAL，LAND	$X_{2j}>0$（EDCATION） $X_{2j}<0$（CAPITAL） $X_{2j}=0$（LAND）

注释*：（1）Gini指的是基尼系数，Q_1是一国最贫穷的20%占国民收入比率，Q_2是一国次贫穷的20%占国民收入比率……，Q_5是一国最富有的20%占国民收入比率。

（2）测量开放度的相关指标：贸易占GDP比率是指进口和出口额在GDP中的比重，调整值是指实际GDP对地理特征回归后的变量残值（residual value of this variable obtained from a regression of the actual trade-GDP ratio on geographical characteristics）。

（3）样本数据：所有样本数据来自于发达国家和发展中国家。DAs = decade averages，PAs = period averages，SYs = single years，N是指样本国家数。

（4）控制变量：AGE是人口的年龄结构，BLPREM是黑市外汇汇率，CAPITAL是人均资本，EDUC人均受教育程度，ETHNIC是民族语言差异，FINANCE是金融部门发展程度，GDPpc是人均GDP，GDPpc2是人均GDP的平方，GDPpw劳动者占有的GDP，GOV政府规模，INFL是通货膨胀，LAW是法律制度，LAND是人均占有可耕地，LE是寿命预期，LGINI是土地持有的基尼系数（Gini coefficient of land holdings），POL是政治和人权情况，RER是实际汇率，TOT是贸易条件，URBAN是城市人口数量。LA是拉丁美洲，AFR是非洲，REGION是所有地区，OBYTPE是不平等的划分，总收入/净收入，个人收入/家庭收入，收入、消费。

（5）结果，>0表示相关性在统计意义上显著；<0表示相关性在统计意义不显著；=0表示相关性不明显。

2.2.3 贸易对异质劳动间收入差距的影响：拓展分析

除了检验贸易是否对一国整体不平等产生影响之外，越来越多的经济学家开始关注贸易是否对一国不同层次的劳动力的收入差距带来变化，比如不同技术水平间，可区分为熟练劳动（skilled labor）与非熟练劳动（unskilled labor）（也有称之为技术劳动和非技术劳动）；比如不同性别间，不同行业间等。对于技术劳动的区分大部分都使用教育、职业或者工资作为测量技术水平的代替。目前有两种方法被广泛应用于研究贸易对异质性劳动报酬的影响：一种是劳动经济学家使用的贸易的要素含量法分析（Factor Content of Trade），另一种是贸易经济学家使用的贸易框架法（Trade Framework）。关于他们如何建立一国的劳动力需求表（Labor Demand Schedule）模型，斯洛赫特（Slaughter，1999）显示了这两种方法的区别。贸易经济学家关注贸易量的增长如何影响产业间的生产结构和价格变化，从而对要素的收入产生影响。劳动经济学家关注贸易通过国内供给中可出口和可进口产品中生产要素的含量，从而决定了要素的有效供给的方式对要素收入的影响。简单地说，贸易法假设有多个部门（Multiple Sectors），而劳动要素法只假设有一个部门。

为了验证贸易的要素含量，必须知道在一国可出口产品生产中包含多少的熟练与非熟练劳动力，可进口产品如果在国内生产的话需要多少这样的劳动力，并把他们进行比较。可出口品和可进口品使用的要素差异可以被解释为贸易对熟练劳动与非熟练劳动的冲击。比如说，如果可出口产品比可进口产品需要更多的非熟练劳动力，贸易量的增长将会提高对这种生产要素的需求从而提高他的相对回报。一个发达国家从发展中国家进口的产品含有更高比例的非熟练劳动力，但是其出口产品则含有更高比例的熟练劳动力。这个会增加一国之内非熟练劳动力的相对供给，经济体中要素通过贸易流入或流出的均衡决定了对相对回报的影响。

1. 贸易对发达国家异质性劳动报酬的影响

使用贸易要素含量分析法的文献为 H-O 的预测找到了有利证据。萨赫斯和沙茨（Sachs and Shatz，1994），哈斯克尔和斯洛赫特（Haskel and Slaughter，2001）调查了美国与英国的情况，发现作为国际贸易的结果，密集使用熟练劳动力的产品价格提高。博尔哈斯（Borjas），弗里曼和凯茨（Freeman and Katz，1992）发现在美国贸易带来的非熟练劳动力的增长可以用来解释收入不平等增长的15%。利莫尔（Leamer，1994，1996）也发现美国同样的现象，密集使用非熟练劳动力的部门价格下跌（纺织品、成衣和鞋类），但是仅限于20世纪70年代，缘于当时美国进口大量增加。哈斯克尔和斯洛赫特（Haskel and Slaughter，2000）发现美国贸易壁垒的变化通过部门偏向（Sector-Biased Changes）型价格变化影响工资不平等。格林哈尔希、格雷戈里和兹斯姆斯（Greenhalgh，Gregory and Zissimos，1998）发现国际贸易对英国非熟练劳动力的工资带来负面影响。

另外，也有些研究发现一些并不显著的结论：劳伦斯和斯洛赫（Lawrence and Slaughter，1993）、巴格沃蒂（Bhagwati，1991）并没有发现美国20世纪80年代相对产品价格变化的明显趋势。雷文伽（Revenga，1992）测量了进口品的变化对美国工资的影响，发现可进口品的价格对工资有很小影响。克鲁格曼（Krugman，1995）发现美国同发展中国家的贸易对进口与工资有很小影响。格罗斯曼（Grossman，1987）观测到工资对美国进口品和关税变化很小的敏感度，尽管他发现在某些产业贸易对就业的冲击比较显著。Freeman and Katz（1991）和加斯顿和泰夫勒尔（Gaston and Tefler，1995）发现在短期内国际贸易对美国产业间就业结构的变化有重要影响，但是与工资关系不大。凯茨和墨菲（Katz and Murphy，1992）发现美国进口品的劳动力含量的变化对工资有很小影响。芬斯特拉和汉森（Feenstra and Hanson，2000）使用了一个更为精确的测算并从产业水平发现贸易对美国非熟练劳动力的供给不造成显著变化。

哈里根和巴拉班（Harrigan and Balaban，1999）在一个一般均衡的框架下分析了工资、技术、价格和要素供给的关系。在假定 $Y=r(p, v)$，Y 表示国内产值，p 表示最终产品的价格，v 表示要素禀赋。那么要素的价格为 $w_i(p, v)=\partial r(p, v)/\partial v_i$，最终产品的向量可以表述为：$x_j(p, v)=\partial r(p, v)/\partial p_j$。如同迪克西特和诺曼（Dixit and Norman，1980）对生产函数的刻画为 $x_j=\theta_j \cdot f^j(v^j)$，$\theta_j$ 表示相对于基期的标量系数，θ_j 的增大表示在 j 产业发生了希克斯中性技术进步。所以产出函数也可改写为 $r(\theta_p, v)$。如果同时还考虑了非希克斯中性技术进步，所以再加入时间变量，最终得到 $Y=r(\theta_p, v, t)$。同科莉（Kohli，1991）和哈利根（Harrigan，1997）一样，对生产函数 Y 对数得到：

$$\ln r(\theta_p, v, t) = a_{00} + \sum_j a_{0j} \ln \theta_{jt} p_{jt} + 1/2 \cdot \sum_j \sum_k a_{jk} \ln \theta_{jt} p_{jt} \cdot \ln \theta_{kt} p_{kt} + \sum_i b_{0i} \ln v_{it} + 1/2 \cdot \sum_i \sum_m b_m \ln v_{it} \cdot \ln v_{mt} + \sum_j \sum_i c_{ji} \ln \theta_{jt} p_{jt} \cdot \ln v_{it} + t \cdot \sum_j d_{0j} \ln \theta_{jt} p_{jt} + t \cdot \sum_i d_{1i} \ln v_{it} + d_2 \cdot t + d_3 \cdot t^2 \quad (2.21)$$

其中 $a_{jk} = a_{kj}$，$b_{im} = b_{mi}$。将（3.10）分别对 $\ln v_i$、$\ln p_j$ 求导得到：

$$S_{it} = b_{0i} + \sum_{m=2}^{M} b_{im} \ln_{im} \ln \frac{v_{mt}}{v_{1t}} + \sum_{j=2}^{N} c_{ji} \ln \frac{\theta_{jt} p_{jt}}{\theta_{1t} p_{1t}} + d_{1i} t \quad (2.22)$$

$$R_{jt} = a_{0j} + \sum_{i=2}^{M} c_{ji} \ln \frac{v_{kt}}{v_{1t}} + \sum_{k=2}^{N} a_{jk} \ln \frac{\theta_{kt} p_{kt}}{\theta_{1t} p_{1t}} + d_{0j} t \quad (2.23)$$

其中 $S_{it} = w_{it} \cdot v_{it}/Y_t$，$R_{jt} = p_{jt} \cdot x_{jt}/Y_t$。式（2.22）和（2.23）表明投入要素 i 和终产品 j 占一国产值的比例是相对要素供给、技术水平、产品价格的线性对数函数。进一步分析可以分别得到要素价格对本身供给的弹性：

$$\frac{\partial \ln w_{it}}{\partial \ln v_{it}} = \frac{b_{ii}}{S_{it}} + S_{it} - 1 \quad (2.24)$$

要素价格对其他要素供给的弹性是：

$$\frac{\partial \ln w_{it}}{\partial \ln v_{kt}} = \frac{b_{ik}}{S_{it}} + S_{kt} \quad (2.25)$$

名义要素价格对名义产品价格的弹性是：

$$\frac{\partial \ln w_{it}}{\partial \ln p_{jt}} = \frac{c_{ji}}{S_{it}} + R_{jt} \quad (2.26)$$

要素价格对希克斯中性技术变化的弹性是：

$$\frac{\partial \ln w_{it}}{\partial \ln \theta_{jt}} = \frac{c_{ji}}{S_{it}} + R_{jt} \quad (2.27)$$

将式（3.11）线性化得到可用于回归检验的方程：

$$S_{it} = \beta_{0i} + \sum_{m=1}^{M} \beta_{im} \ln v_{mt} + \sum_{l=1}^{L} \beta_{il} \ln z_{lt} + \beta_i \cdot t + \varepsilon_{it} \quad (2.28)$$

其中 z_{lt} 表示价格和技术的工具变量。随后作者采用了美国经济从1963年至1991年的数据。实证研究的结果表明要素供给和相对价格的改变是解释技术回报率的重要因素，而且资本积累和可贸易品价格下跌都会导致教育回报的增加。

巴格瓦蒂（Bhagwati，1991）是第一个通过产品价格分析国际贸易与美国工资不平等关系的实证文章。他使用了 1982～1989 年美国出口和进口所有制造产品的价格指数的季度数据。分析认为不断增长的工资不平等差距是因为那些技术劳动含量较低的进口产品相对价格的不断降低。劳伦斯和斯劳格赫特尔（Lawrence and Slaughter，1993）是第一个使用产业数据用来分析的文献，其中产业技术密集程度用产业直接雇用的非生产性工人与生产性工人的比例（NPW/PW）来度量，并用 1980～1989 年间产业价格变化的比例对产业在 1980 年的技术密集程度做回归：

$$P_j^{*1980s} = \alpha + \beta(NPW/PW)_j^{1980} + e_j \tag{2.29}$$

回归结果发现那些技术密集高的产业价格在 20 世纪 80 年代并没有更大的提升，他们认为国家间贸易通过提高技术密集型产品价格来增加美国工资不平等并不成立。

萨赫斯和沙茨（Sach and Shatz，1994）对劳伦斯和斯劳格赫特尔（1993）实证研究方法做了一些改进并得到截然相反的结论。首先，他们将时间长度延伸至 1978～1979 年；并将自变量改为产品雇佣劳动在整个产业中的比例；而且将计算机行业做了特别处理，因为计算机的相对价格实在下跌太快。

$$P_j^{*1990s} = \alpha + \beta(PW/(PW + NPW))_j^{1980} + \beta_c(D_{computers}) + e_j \tag{2.30}$$

回归结果发现在非计算机行业中，那些雇用更大比例生产性工人的产业相对价格在 20 世纪 80 年代增长的较低。因此认为国际贸易通过提高技术密集产品的相对价格来增加美国工资不平等的假设成立。

克鲁格（Krueger，1997）采用了萨赫斯和沙茨（1994）的研究方法，将时间段放到了 1980～1994 年。而且将计算机行业作为一个虚拟变量。

$$P_j^{*1990s} = \alpha + \beta(PW/(PW + NPW))_j + \beta_c(D_{computers}) + e_j \tag{2.31}$$

回归的结果表明产品价格会随着技术水平提高而提升，且会导致工资水平差异的增加。利莫尔（Leamer，1996）在 H-O 的框架下分析产品价格在 20 世纪 60 年代、70 年代和 80 年代三个阶段变化中的工资含义。采用了两位数划分的产业价格相对于生产者价格指数（PPI），其分析的主要部门是纺织业和服装两个劳动力密集型的产业，发现在 20 世纪 60 年代这两个行业的价格相对于 PPI 分别下降 8% 和 4%。在 70 年代相对价格下降了

30%之多，而80年代则趋于稳定。利莫尔将影响美国要素价格的因素划分为技术进步和全球价格变化两个方面。除了使用技术劳动与非技术劳动的比例来度量技术水平，还采用了基于每个工人的平均产出来度量产业的技术等级。利莫尔的实证分析最终认为70年代的事实是符合SS定理含义的，也即产品价格的变化会导致工资收入的不平等。鲍德温和卡恩（Baldwin and Cain，1997）的研究也得到了类似的结果。

与前面基于H-O理论的实证分析不同，芬斯特拉和汉森（Feenstra and Hanson，FH，1995）的分析是基于里卡多（Ricardian）理论的视角，未采用H-O理论设立的所有国家都生产同样产品集合的框架，另外认为每个国家生产不同集合的产品。文章发现在20世纪80年代，美国、德国和日本国内产品价格的上升要快于进口价格。文章结论认为是全球外包导致了美国和其他国家工资的不平等。

2. 贸易对发展中国家异质性劳动报酬差距的影响

对于发展中国家实证研究大部分基于以下三个假设：（1）开放导致发展中国家降低对技术劳动需求，增加对非技术劳动的需求，如同H-O模型预测，这时不同劳动层次间收入差距会缩小；（2）发展中国家FDI的引进导致发达国家生产转移，增加了发展中国家对技术劳动的需求，加大收入不平等，如同芬斯特拉和汉森（1997），伍德（Wood，2002）的验证；（3）技术的流动和传播使得公司增加对技术劳动的需求，或者称之为技能偏态型技术变化（Skill-Biased Technologies Change），如同皮萨里德斯（Pissarides，1997）、伯曼和玛琦（Berman and Machin，2000）预测。

在使用方法上，有两个主要方法用来验证这些假设，第一个方法是“供需法”（Supply and Demand），这个方法假设技术劳动的相对供给为外生，公式可以表示为：

$$\ln\left(\frac{w_s}{w_u}\right) = \ln\ (\alpha/\sigma) - \frac{1}{\sigma}\ln\left(\frac{E_s}{E_u}\right) \tag{2.32}$$

E_s/E_u 为技术劳动的相对供给，a 为技术劳动的相对需求，W_s/W_u 是相对工资，σ 为技术劳动相对于非技术劳动的替代弹性。这时在控制相对供给情形下，就可以检验是否开放（三种类型：贸易，资本或技术的流动，分别可以使用贸易占GDP比率，FDI占GDP比率以及资本机器设备的进口来表示）可以影响相对进口，这个方法包括拜耳、罗杰斯和维加拉（Beyer，Rojas and Vergara，1999），罗宾斯（Robbins，1996），金德林和罗宾斯（Gindling and Robbins，2001），特·威尔德和莫利塞（te Velde and Morrissey，forthcoming），以及特·威尔德（2003）等。

第二个方法是成本函数（Cost Function）法，此方法假设公司会随着技术引进和技术劳动的变化，改变技术劳动在工资中占有的相对比重。这个函数考察第 i 个公司总工资中技术劳动 S_i 所占比重：

$$S_i = \alpha + \beta_1 \ln\left(\frac{w_s}{w_u}\right) + \beta_2 \ln K_i + \beta_3 \ln Y_i + \beta_4 \ln T_i \quad (2.33)$$

W_s/W_u 是熟练劳动相对于非熟练劳动的比重，K_i 第 i 个公司使用的资本，Y_i 公司附加产值，T_i 是 i 公司使用技术类型的变量。也可以使用其他指标度量对外国技术的使用，比如说进口的资本设备等。按照这种假设，国外技术的使用可以提高对相对工资的需求，这方面的研究包括格尔和舒洛宝（Gorg and Strobl，2002），马祖达和奇萨斯比·阿格诺里（Mazumdar and Quispe-Agnoli，2002），芬斯特拉和汉森（Feenstra and Hanson，1997），及伯曼和玛琦（Berman and Machin，2000）等。除了“供需法”和“成本函数法”之外，其他途径包括“有管制的工资方法”（mandated wage approach）[罗伯特森等（Robertson et al.），2000] 以及其他各种方法 [伍德（Wood），1994；汉森和哈里森（Hanson and Harrison）1999；格林、迪科尔森和沙巴·阿尔巴什（Green，Dickerson and Saba Arbache），2001；金德林和罗宾斯（Gindling and Robbins），2001 等]。

这些研究的结论如何？伍德（1994）研究显示在中国台湾、韩国和新加坡这些国家和地区从 20 世纪 60～70 年代转向出口导向型战略以后，熟练工人的相对工资差距在缩小，但是在中国香港地区并不如此，他们认为也许是因为有大量非熟练工人从内地移民至香港所致。罗宾斯（Robbins，1996）显示在 20 世纪 80～90 年代初随着阿根廷，哥斯达黎加、哥伦比亚、智利、乌拉圭等这些国家贸易自由化的进行，对熟练工人的相对需求也在增加。金德林和罗宾斯（1999）调查了哥斯达黎加在贸易自由化前后对熟练劳动力的需求和相对工资变化的情况，发现作为劳动力需求结构变化的结果，技术的回报提高。罗宾斯（1994），拜耳、罗杰斯和维加拉（Beyer，Rojas and Vergara，1999）分析了智利在贸易自由化以后工资结构的变化情况，发现尽管进口品的熟练劳动含量超过了出口品的含量，随着贸易自由化的进行，熟练劳动的回报率还是有所提高。汉森和哈里森（Hanson and Harrison，1999）分析了墨西哥贸易自由化后熟练和非熟练劳动就业结构的变化和工资的变化。他们发现就业水平仅有微小变化，但是熟练劳动的工资却有显著提高。他们也发现外国公司和与出口相关的公司会对熟练劳动支付更高工资。格林和阿尔巴什（Green and Arbache，2001）显示在 90 年代早期巴西对大学学历工人的需求在增加，而这个时期正是贸易自由化的时期。从这些实证来看，支持开放能够降低对技术劳动需求的假设似乎站不住脚。① 表 2－4 是对部分研究发展中国家研究文献的汇总。

这些结论并不与传统理论相违背，可以从以下三个角度解释：第一，从 20 世纪 80～90 年代早期，大部分拉丁美洲国家，技术劳动相对于非技术的供给高于世界水平，也就是说，从全球角度而言，他们是发展中国家的发达国家，其比较优势产品属于相对技术密集型，开放会导致其对技术劳动需求的增加和收入差距的扩大。汉森和哈里森（1999）和罗伯特森（Robertson，2000）显示在墨西哥自由化以前，在劳动力密集型产业，关税是最高的，这说明墨西哥在劳动力密集型产业不具备比较优势。拉丁美洲大多数发展中国家收入差距的扩大并不能说明 H-O 理论的无效。第二，导致发展中国家收入差距扩大的另外一个重要因素是发达国家生产转移，这会使发展中国家劳动力市场趋向技能偏向型技术变化（Skill Biased Technologies Change），拉大收入差距。芬斯特拉和汉森（Feenstra and Hanson，1997）显示墨西哥对技术劳动相对需求的增加是由于美国制造业在墨西哥生产的影响，特·威尔德和莫利塞（Te Velde and Morrissey，2004）和特·威尔德（2003）显示外国直接投资对智利、玻利维亚和泰国等国技术劳动的相对需求有积极显著的影响，尽管对中国香港、哥伦比亚和菲律宾等国和地区作用相反，对韩国、新加坡和哥斯达黎加等却没有明显影响。第三，除生产转移外，技术和资本的流动也是造成收入不平等的原因，马祖达和奇萨斯比·阿格诺里（Mazumdar and Quispe-Agnoli，2002），

① 还有另外一种趋势也研究贸易对就业的影响。Márquez and Pagés（1998）使用 18 个拉丁美洲国家的横截面数据评估他们的劳动力需求市场，发现贸易改革对就业增长有负面效应。Maia（2001）使用投入产出分析（input-output analysis）调查巴西开放前后贸易与技术对熟练与非熟练劳动的影响。他发现相比较熟练劳动而言，贸易破坏了很多非熟练劳动的工作，技术也产生了较大比例的熟练劳动工作，破坏了百万计的非熟练劳动工作。Currie and Harrison（1997）以及 Revenga（1997）也发现在摩洛哥和墨西哥这两个国家，关税水平和进口配额的降低对就业有适度影响，这种影响部分地归因于公司削减利润提高劳动生产率。

表2-4　关于开放对技术劳动相对工资影响的时间序列经验研究

学　者	国　家（地区）	时　间	数据来源	区分技术劳动的指标	使用方法
罗宾斯 （Robbins，1996）	阿根廷，智利，哥伦比亚，哥斯达黎加，马来西亚，墨西哥，菲律宾，中国台湾，阿根廷	70年代中期到90年代早期	家庭调查	教育	供给与需求法
拜耳等 （Beyer et al.，1999）	智利	1960～1996	家庭调查	教育	供给与需求法
罗宾斯和金德林 （Robbins and Gindling，1999）	哥斯达黎加	1976～1993	家庭调查	教育	供给与需求法
特·威尔德和莫利塞 （Te Velde and Morrissey）	中国香港，菲律宾，新加坡，韩国，泰国	1983～1998*	ILO工资数据，来自于弗里曼和奥斯滕多普（2000）	职业	供给与需求法
特·威尔德 （Te Velde，2003）	（a）智利，玻利维亚，哥斯达黎加，哥伦比亚 （b）阿根廷，玻利维亚，智利，哥伦比亚，哥斯达黎加，厄瓜多尔，萨尔瓦多，危地马拉，洪都拉斯，墨西哥	（a）1978～2001* （b）1990～1999*	（a）家庭调查 （b）联合国拉丁美洲和加勒比经济委员会（ECLAC，2002）工资数据	教育 职业**	供给与需求法
芬斯特拉和汉森 （Feenstra and Hanson，1997）	墨西哥	1975～1988	产业人口普查	职业	成本函数法

续表

学 者	国 家（地区）	时 间	数据来源	区分技术劳动的指标	使用方法
伯曼和玛琦（Berman and Machin，2000）	孟加拉共和国，智利，哥伦比亚，埃及，埃塞俄比亚，危地马拉，印度，马来西亚，巴基斯坦，秘鲁，菲律宾（仅20世纪70年代），韩国，乌拉圭，委内瑞拉	1970~1980，1980~1990*	联合国产业统计数据库	职业	成本函数法
格尔和舒洛宝（Gorg and Strobl，2002）	加纳	1991~1997	公司调查	职业	成本函数法
马祖达和奇萨斯比（Mazumdarand Quispe-Agnoli，2002）	秘鲁	1991~1997	就业调查	职业	成本函数法
伍德（Wood，1994）	中国台湾，韩国，中国香港，新加坡	1960s~1980s*	各种调查	教育以及职业工资**	Discursive
汉森和哈里森（Hanson andHarrison，1999）	墨西哥	（a）1965~1988 （b）1984~1990	（a）产业普查 （b）公司调查	职业	Discursive
罗伯特森（Robertson，2000）	墨西哥	1987~1995	就业调查	教育和工资	调整后的工资
金德林和罗宾斯（Gindling and Robbins，2001）	智利，哥斯达黎加	1974~1990（Chile），1987~1995（Costa Rica）	家庭调查	工资	Discursive
格林等（Green et al.，2001）	巴西	1981~1999	家庭调查	教育及工资	Discursive

注：*代表不同国家使用的年份不一致；**不同国家技术标准也有所差距。

格尔和舒洛宝（Gorg and Strobl，2002）显示在秘鲁和加纳，制造业使用了更多的进口设备，也雇用了更高比率的技术劳动。罗宾斯（1996）也显示，在阿根廷、智利、哥伦比亚、哥斯达黎加、马来西亚和菲律宾等国，大规模的FDI引进对大学毕业生相对需求有积极显著的影响，罗宾斯和金德林（1999）使用哥斯达黎加的时间序列数据也得到同样结论。伯曼和玛琦（Berman and Machin，2000）显示在14个可获数据的中低收入国家中，有10个国家技术劳动工资的份额占整个制造业的份额在增加，除马来西亚和印度（指标在下降）以及智利和韩国（没有显著的变化）外。对低收入国家的其他研究，比如加纳（格尔和舒洛宝，2002）、尼加拉瓜（特·威尔德，2003）及越南［盖洛普（Gallup），2002］的研究显示技术劳动的收入确实在增加。

弗里曼和欧斯顿普（Freeman and Oostendrop，2001）文中描述了20个发展中国家和新兴工业化国家20世纪90年代生产性工人与非生产性工人的相对工资。大概有超过一般国家在整个年代都经历了工资不平等的增加。也就是说，全球化并没有缩减南方国家的工资不平等程度。朱和特雷弗（Zhu and Trefler，2005）继承了多恩布什等（Dornbusch et al.，1980）和多恩布什等（1977）关于H-O定理分析的框架研究国际贸易对南方国家的影响。假定 w_{fi} 是在地区 $i(=N, S)$ 要素 $f(=L, H)$ 的报酬。$\omega_i \equiv w_{Hi}/w_{Li}$ 表示技术劳动相对非技术劳动的工资，而且南方国家要高于北方国家 $\omega_N < \omega_S$。$C_i(w_{Hi}, w_{Li}, z)$ 生产商品 z 在地区 i 的单位成本，且 $\frac{\partial C_N(.,.,z)/C_S(.,.,z)}{\partial z} \leqslant 0$。$P_i(z)$ 表示商品 z 在地区 i 的市场价格，而且 $P_N(\bar{z}) = P_S(\bar{z})$。

$$x(z) = \alpha(z)\frac{Y_N + Y_S}{P_i(z)} \tag{2.34}$$

$x(z)$ 是 z 商品的消费量，$\alpha(z)$ 表示预算份额。$U = \int_0^1 \alpha(z)\ln x(z)d_z$，$U$ 表示效用。南方技术劳动力市场出清条件是：$\int_0^{\bar{z}} x(z)H_s(z)dz = H_s$。可以得到：

$$S(\bar{z}) = \frac{Y_N + Y_S}{w_{LS}H_s}\int_0^{\bar{z}} \alpha(z)\frac{h_s(z) - h_s}{1 + \omega_s h_s(z)} = 0 \tag{2.35}$$

$$N(\bar{z}) = \frac{Y_N + Y_S}{w_{LN}H_N}\int_{\bar{z}}^1 \alpha(z)\frac{h_N(z) - h_N}{1 + \omega_N h_N(z)} = 0 \tag{2.36}$$

设 $B(\bar{z})=\left(Y_s\int_{\bar{z}}^{1}\alpha(z)\,dz\right)\Big/\left(Y_N\int_{0}^{\bar{z}}\alpha(z)\,dz\right)$ 表示南方进口商品的价值与北方进口商品价值的比值，在贸易平衡的时候，$B(\bar{z})\equiv 1$。

$$\gamma(t)\equiv\frac{\partial \ln C_N(w_{HN},w_{LN},\bar{z},\ t)}{\partial t}-\frac{\partial \ln C_s(w_{HS},\ w_{Ls},\bar{z},\ t)}{\partial t}>0 \qquad (2.37)$$

$\gamma(t)$ 表示的是南方国家生产能力向北方国家“追赶”（Catching up）的过程。文章得到结论认为：在技术变化是希克斯中性时，（1）如果南方国家是处于“追赶”状态（$\gamma>0$），南北两地的工资不平等都会加剧，且北方国家技术含量最少的商品生产会转移至南方国家；（2）如果南方国家处于更加落后状态（$\gamma<0$），那么南北两地的工资不平等会降低，且那些在南方国家具有最高技术含量的商品生产会转移至北方国家。朱和特雷弗进一步认为，南方国家“追赶”的越快，南方不平等和出口的增长会更加剧烈。随后来自世界贸易组织的数据实证分析了结论，并认为：南方国家的追赶会使得南方国家的技术密集型产品的出口份额增加；出口份额的改变导致工资收入的不平等；南方国家的“追赶”并不是导致工资不平等的直接原因，而是通过影响出口技术密集型产品的出口份额发生作用。

2.2.4 FDI 与居民收入差距

在过去的 20 年中 FDI 的地区投资集中性已经发生了很大变化，对发展中国家的投资已经从 1975 ~ 1980 年间的 23.4% 增加到 1990 ~ 1994 年间的 29.6%（Dunning，1998）。这一时期大部分 FDI 流向东亚和东南亚，他们在 FDI 中的份额从 1975 ~ 1980 年的 6.1% 已经增加到 1990 ~ 1994 年间的 18.1%。由于外国资本与国内资本并不能完全替代，外国流入资本的增长将会导致接受国整体就业的增长和工人实际工资的增长。然而，从理论角度而言，FDI 的流入对接受国工资不平等的影响还未有定论。

为了分析 FDI 对发展中国家劳动力市场可能带来的冲击，区分这些国家两种类型的跨国公司行为十分必要。第一种类型是跨国公司设址于发展中国家（独立或者是同国内合作伙伴联合），仅为国内市场生产产品。这些公司选择在发展中国家投资是为了获取发展中国家保护贸易主义政体的好处，这些政体会为在国内生产进口竞争型产品的公司提供利益或刺激

(Incentives)。第二种类型的公司，跨国公司选择定位在发展中国家仅仅是为了出口。对于主要是基于国内市场的第一种类型的FDI而言，它的增长是否会给接受国劳动力市场带来显著有利变化不是很清楚。大部分发展中国家的进口竞争性产品一般是资本密集型产品，国内这种类型产品的增长不一定能给接受国的就业和工资带来有利影响。传统的理论讨论一般都指第二种FDI，如果这种资本的流入主要集中在接受国劳动力密集的部门，它可能会导致发展中国家工资不平等的降低。这种观点认为这种类型的FDI一般都会流向非熟练劳动相对丰裕的国家，FDI的增加会导致对非熟练劳动需求的增加，从而降低接受国的工资不平等。

卢卡斯（Lucas，1990）认为在非熟练劳动或者不存在熟练劳动的发展中国家可能缺乏对金融资本的吸引力，因为金融资本倾向于人力资本较为丰富的国家。他建立了一个显示1988年教育和实物资本动态关系的模型，该模型的人力资本由个人受教育程度和一国整体平均教育水平测量，而平均教育水平也对生产功能产生积极影响。Lucas认为，与经典理论的含义不同，资本并不必然从富国移向穷国。原因在于穷国内在和外在的人力资本存量对实物资本的边际生产率有消极效应，而在具有大量内在和外在人力资本的国家则有积极影响。因此，人力资本的引进对于外国直接投资是一个刺激。本哈比和斯皮格尔（Benhabib and Spiegel，1994）使用一个国家间的分析（cross-country analysis）寻找人力资本存量和实物资本投资的关系，显示投资的回报与人力资本的供给的正向关系。因此，对于发展中国家吸引外资而言，开放是必要而不是充分条件。

芬斯特拉和汉森（Feenstra and Hanson，1996a，1996b）认为，如果FDI的流入的原因是跨国公司的“全球采购”、“全球外包”（Global outsourcing），那么这种外部投资可以导致东道国工资不平等的增长。使用一个中间产品的贸易模型，他们得出结论，如果在一个产品生产的价值链中，熟练劳动和非熟练劳动的密集度不同，从母公司（发达国家）转移至子公司（发展中国家）的“外包”会减少两种国家对非熟练劳动的相对需求。北方国家将会专业化生产熟练劳动密集的阶段，而南方国家将会生产非熟练劳动密集的阶段。外包将会导致南方国家生产的扩张，而北方国家相应生产的萎缩。从北方国家的角度看，南方国家的生产活动密集使用大量的非熟练劳动，而从南方国家的角度看，事实正好相反。在两个国家对熟练劳动的需求都会增长，从而增加北方和南方国家的工资不平等。

芬斯特拉和汉森（1995）认为发达国家与发展中国家日益增长的工资不平等与全球化背景下资本从发达国家向发展中国家的流动相一致。这个观点认为国外直接投资的流动改变了生产结构，增加了发展中国家的资本存量，对当地投资的水平和轮廓以及技术的可得性有重要影响。结论认为一个简单最终产品的生产需要熟练劳动与非熟练劳动不同比例的中间产品的连续投入。发展中国家在生产最终产品的某些阶段具有较少成本，对于发达国家反之亦然。当经济体互相开放以后，假设发展中国家的资本回报率较高，资本将会从发达国家向发展中国家移动。这个模型显示需要较少熟练劳动的生产阶段将会转移到非熟练劳动相对便宜的发达程度较低国家生产。然而这种类型的劳动力如果同发展中国家比较起来的话又是熟练劳动力。因为平均投入品是相对熟练劳动密集的，专业化生产增加了两种国家劳动力的平均需求。因此，在两种地区对熟练劳动力的需求都会增加，同时引起两种类型国家工资不平等的增长。

2.3 关于中国的研究

2.3.1 关于中国城乡居民收入差距的研究

根据李实和罗楚亮（2007）的总结，学术界对于城乡居民收入差距估算方法主要持有两类不同的观点：一种观点认为官方的城乡居民收入比率数据高估了实际情形，因为没有考虑到地区间的生活费用差异。考虑到城镇地区生活费用高于农村地区的事实，如果进行了地区生活费用差异的调整，官方公布的城乡居民收入差距可能要高于实际。另一种观点认为城乡居民收入差距被严重低估，因为有充分的证据表明官方的居民收入定义忽略了一些收入项目，特别是某些实物性补贴，而这些补贴只是提供给城镇居民，却把农村居民排除在外（李实，2003）。如果将这些收入项目包括在居民总收入统计中，则收入差距将会比现有文献的讨论结果要高得多（李实等，2007）。

赵人伟等（1977，2003）和李实等（1999[a]，1999[b]）的研究都充分表明了当今中国收入分配的格局已大大不同于经济改革的初期，也明显不同于20世纪80年代后期的情形。中国收入分配出现了全范围的、多层次的收入差距扩大的态势。农村、城镇内部，城乡之间，区域内部和地区之间，行业、职业内部和行业、职业之间，个人收入差距都发生了不同程度的扩大。新的收入分配格局虽然纠正了传统分配体制的一些弊端，但是也产生一些新问题。李实等（2007）认为城镇居民在享用社会保障、公有住房以及其他公共服务等方面具有特殊的优势，估计表明城镇居民所获得的各类隐性补贴远远高于农村居民，这导致城乡居民收入差距进一步扩大。大多数研究文献对收入差距测量都是以一个年度的住户或个人收入为基础，所反映的只是该年度收入分配的静态分配格局。

尹恒等（2006）将居民获得收入的时段扩展到一年以上，对居民相对收入的变化加以观察，利用相关方法对不同年份居民收入位置的动态变化加以测量和分析，发现在1998～2002年间中国城镇个人的收入流动性比1991～1995年间显著下降，而且这种下降是全局性的，即不同特征人群的收入流动性都呈现出同步下降的趋势。也就是说，1991～1995年时期中国城镇个人较高的收入流动性是经济转轨的短期特征，在经济市场化过程中，分配机制发生变化，强势人群逐渐向收入顶层聚集，弱势人群则逐渐集中到收入底层。随着收入流动性明显下降，收入的分层结构也趋于稳定，这会导致长期的收入差距逐步扩大［李实等（2005）］。

赵耀辉等（2002）对中国城镇职工实物收入加以研究，发现相对20世纪80年代，90年代后城镇职工的实物工资趋于降低，这是因为在所有者缺位的情形下，企业总是有过度补偿职工的倾向，在政府控制工资时，企业以奖金的形式涨工资，当奖金受到控制时，又会以实物收入的形式这样做。在软预算约束的情况下，即使亏损，企业仍然愿意以各种方式多发工资。90年代初引入的预算硬约束在一定程度上解决了这个问题。赵伟（2004）认为生产力分布的特点和市场机制的作用客观上决定了农村在城乡关系中的弱势地位，但不适当的制度和政策同样是重要原因，更值得我们去审视和检讨。必须统筹城乡经济社会发展，改革计划经济体制下形成的城乡分治的各种制度，重点突破制约“三农”问题的体制性矛盾和结构性矛盾，加速农村工业化和城市化进程，促进农民向非农领域的就业转移，积极推动城乡融合。

古斯塔夫松和李（Gustafsson and Li，2002）使用中国18个省1988～1995年间的家庭收入数据研究了中国农村地区收入不平等现象，且将不平等的计算加总至县级、省级、三大地区（东部、中部、西部）水平。计算结果表明收入不平等程度在中国农村地区增加较快。结果表明县级均值差异在1988年可解释2/5的收入不平等，到1995年可以解释收入差距的一半。所以，在20世纪90年代中期，如果中国县级的收入均值达到相同，那么会有一半的农民收入不均现象消失，而且省级之间农民收入不均的部分原因来自空间因素。1/5的农村收入不平等是因为省内各县之间的差异形成。1988~1995年间，县级收入均值的增加是导致农村不平等的重要因素，不断增加的地区差异虽然表现显著但并不能完全解释农村居民收入的不平等。在90年代中期，如果三大地区之间的收入均值达到相等，那么农村居民收入不平等的程度会降低1/4。如果西部地区收入水平得到快速提高，那么将有助于削减中国农村的收入不平等程度。表2－5回顾了部分关于中国收入分配差距的文献。

张（Zhang，2004）通过调查发现20世纪80年代早期大概有农村劳动力剩余700万人，占总的农村人口的18%，10年后农村劳动力剩余增加到1300万人，比例达到28%，这种情形下农村剩余劳动力的流动呈升势。卢和宋（Lu and Song，2006）分析了农村劳动力流动所导致的城乡工资收入差异。其分析认为从1980年末期开始，由于农村劳动力剩余、过高的农业税赋、土地的不断丧失（工业化或者城市化）等原因，随着城市中的较高的工资水平、更多的机会、更好的教育，大量的农民离开家乡投奔城市，形成了“农民工”。在城市工人和农民工之间形成了工资差距，研究发现在其他条件保持不变的情况下，城市工人的收入要显著高于农民工，反映了工资歧视的存在。“户口”成为了影响工资差距的显著因素。在城市工人中女工的收入要显著低于男性工人，但是这种现象对于农民工来说并不显著。当然国有企业工人的收入要低于其他类型的企业。研究的最后，笔者给出了一些政策启示：（1）取消户口政策会促进劳动力的流动性、效率和公平；（2）在教育和培训对提高工资都显示出正效应的情况下，应该加强对人力资本的投资，以提高农民工和城市工人的生产力。消除贫困更多应该通过提高农村人口的教育水平而不是限制其流动；（3）针对城市劳工中出现的对女性的工资歧视，应该通过更多的措施来保护女工。

姚和张（Yao and Zhang，2001）研究表明中国经济增长具有一定的俱乐部特征，利用中国省际1952~1997年的数据，实证结果发现中国存

表 2-5 若干研究中国收入不平等文献的回顾

文献	数据类型、年份	衡量指标	不平等的空间水平	主要结论
程（Cheng，1996）	5个省份的家庭数据	家庭收入	省际（家庭水平） 省内（家庭水平） 县际（家庭水平） 县内（家庭水平）	省际的不平等可以解释39%的农村不平等，县际的不平等大约占4%～24%的省内不平等
邓肯和田（Duncan and Tian，1999）	省际数据（1952～1993）	GDP，家庭收入	省际	省际的不平等呈现了一个U型结构
藤田和胡（Fujita and Hu，2001）	省份数据（1985～1994）	GDP	省际 地区内（省际水平） 地区间（省际水平）	省际的不平等在1990年之前是逐渐下降的，然后再上升。当地区间的收入不平等增加，会带来地区的不平等下降
侯塞因等（Hussain et al.，1994）	10个省份家庭数据	家庭收入	省际（家庭水平） 省内（家庭水平）	省份间的不平等可以解释在1986年20%～25%的农村不平等
简等（Jian et al.，1996）	省份数据（1978～1993）	GDP	省际 地区内（省级水平） 地区间（省级水平）	地区间可以解释，1978～1993年14%～35%省际的不平等
堪布尔和张（Kanbur and Zhang，1999）	省级数据（1983～1995）	平均消费	省际 地区内（省级水平） 地区间（省级水平）	省际的不平等1983～1995增加了111%，且对地区间的不平等贡献了31%～49%
克耐特和宋（Knight and Song，1993）	县级数据（1987）	净产出	县际 省际（县际水平）	省际不平等解释61%县际之间的不平等

续表

文献	数据类型、年份	衡量指标	不平等的空间水平	主要结论
李（Lee，2000）	国家和城市数据	工业和农业总产出	省际（县级水平） 省内（县级水平） 地区间（县级水平） 地区内（县级水平）	省际的不平等可以解释63%的县际收入不平等，地区可以解释39%的县际收入不平等
利昂斯（Lyons，1991）	省级数据（1952～1987）	原材料生产、消费	省际	存在着长期不平等的趋势
彭（Peng，1999）	县级数据（1985～1991）	总产出、农业总产出、工业总产出	县际	县际的不平等在1985～1991年增加了20%～26%
罗泽尔（Rozelle，1994）	单个省份的乡村数据（1983～1988）	工业和农业总产出	县际（乡村水平） 镇间（乡村水平） 乡村间	乡村间的、镇间和县际的收入不平等都有所增加
徐（Tsui，1993）	县级和城市数据（1982）	工农业总产出	省际（县级水平） 省内（县级水平） 地区间（县级水平） 地区内（县级水平）	省际的不平等可以解释县际不平等的26%，地区间的不平等可以解释10%县际的不平等
徐（Tsui，1998）	两个省份的家庭数据（1985～1990）	净收入、消费和等价消费	省际（家庭水平） 省内（家庭水平）	省际的不平等可以解释1985～1990年6%～12%的农村不平等
姚Yao，1997）	省际数据（1986～1992）	平均收入	省际	省际的不平等可以解释农村不平等的50%～55%

注：来自古斯塔夫松和李（Gustafsson and Li，2002）。

在严重的地区发展不平等和经济增长差距，最富裕的省份集中在东部地区而最贫穷的省份集中在西部地区。

丁任重、陈志舟和顾文军（2003）分别回顾了我国改革开放以来我国农村居民收入差距的演变，1978年的农村基尼系数估计为0.21～0.22之间，而到1999年扩大到0.33；城镇居民收入的基尼系数在1978年为0.16，到1999年上升到0.295；城乡居民人均名义收入比率由1984年的1.84上升到2000年的2.46；而在1985年东、中、西部地区人均收入比率为1.15∶0.88∶1，而到了1995年比率变化为1.42∶0.97∶1。可以看出改革开放以来我国农村居民、城镇居民、城乡之间以及地区之间的收入差距在总体上呈逐步扩大的趋势，因此由这些差距构成的总体居民收入差距也呈逐步扩大趋势。全国居民收入的基尼系数在1981年为0.288，1998年上升到0.403。笔者进一步将我国收入差距的演变解释为体制改革因素、经济发展因素、政府政策因素和对外开放因素。

关于中国居民收入差距的研究，由于著述较多，只能做以下大致分类：（1）对国内收入差距估算，比如克耐特等（Knight, et al., 1999），陈宗胜（1991，2002），李实等（2000，2004，2007），学者们讨论的焦点在于我国目前收入差距的数值差异以及考虑因子，以及对收入差距估算偏差的纠正等。（2）对收入差距成因、作用和机理的分析，比如杨俊（2008）、罗楚亮（2007）、王小鲁等（2005）、王培刚（2005）、赵人伟等（1977，2003）、李实等（2007）、陆铭等（2005），这些研究将中国收入差距的原因总结为生产力分布的特点和市场机制的作用、城市化、体制改革因素、经济发展因素、政府政策因素和对外开放因素、"户口"因素及农村劳动力流动等。（3）对收入差距测度方法的研究，比如林毅夫（1998）、陈宗胜（2008）、尹恒等（2006）及洪兴建（2007，2009）等，讨论角度包括收入差距的测度指标如何确定，包括泰尔指数、基尼系数、城乡收入比、基尼系数的分解公式及警戒线的探讨，等等。

2.3.2 开放与中国居民收入差距

对外开放度的扩大与我国的收入差距拉大之间是否存在着某种内在联系呢？中国拥有大量的劳动力，而资本和技术则相对稀缺，因此中国的比较优势在于生产劳动密集型产品。对外开放将有利于中国出口更多的劳动密集型产品，进口更多的资本或技术密集型产品，这样就会使得生产劳动密集型产品的非技能工人的工资上升，而生产技术或资本密集型产品的技能工人的工资下降，由此得出对外开放会降低我国的收入不平等程度。事实果真如此吗？国内的众多学者对这个问题给予深入研究。

吴（Wu，2000）在 SS 理论基础之上构建了一个一般均衡模型，随着中国更加开放市场和更多流向高技术部门的 FDI 的引进，技术劳动相对非技术劳动的工资将会增加。技术溢出和产品质量的不断提升会增加对技术劳动的不断需求，随着中国不断加入全球经济的浪潮，其出口会不断地从劳动密集型产品转移至技术/资本密集型产品，这样的转变有助于提高技术劳动的工资水平。笔者还指出需要改革我国的劳动力市场和工资体制来使得国内公司拥有更强的竞争力。文章最后还研究了对知识产权保护的作用，结果表明严厉的知识产权的保护可以提高中国出口产品的质量，更好的贸易条件，会降低技术劳动的相对工资水平，且可以更好地包含非技术劳动福利。

安德森、黄和艾恩丘维奇纳（Anderson，Huang and Ianchovichina，2004）采用了 GTAP（Global Trade Analysis Project）模型分析了中国加入 WTO 组织对其农民收入的影响。其结果表明农业收入相对于非农收入在中国加入 WTO 之后更加不平等，但城乡收入差距并没有表现出相同的影响。笔者随后的政策建议包括：（1）政府应该加强对农村地区的教育和医疗卫生的投入；（2）对农村地区基础设施投资的增加，譬如公路和铁路建设；（3）对农业研发的投入可以减缓农村和城市的贫困；（4）土地承包期的延长不仅可以激励农户对土地的长期投资，而且提高了农户的抵押水平；（5）减少政府对粮食的管制，特别是以低于市场价格强迫收购粮食，减少以低于市场价格向城市的粮食供给，重新审视政府的粮食产销机制等都会刺激中国的比较优势。

赵伟等（2007）从开放的三种表现形式：商品/服务贸易、资本/劳动力的跨国流动以及技术的传播等角度入手，并结合制度因素，对有关开放与收入差距关系的研究做了回顾。认为无论何种影响机制，最终渠道都是通过提高或降低对技术劳动的需求来影响收入差距，这与传统理论一脉相承。徐剑明（2006）分析了对外开放与国内财富分配不均之间的传导机制研究，认为在非充分就业条件下，对外贸易在促进我国经济发展的同时，同时加大了我国各类居民（技术工人、非技术工人、各类失业人员）的收入差距；而外商对所投资产业类型的选择会直接影响就业结构中劳动力要素的边际收益，从而影响着劳动力的收入状况；外商投资企业中间产品的供应结构和最终产品的销售结构变化也会直接影响国内产业结构的变化，通过影响关联产业的投资、就业及经营效益的变化而引发行业间财富分配的变动；外资还可以通过提高全要素增长率和资金的引力效应来影响居民收入差距。周申等（2007）在弹性分析框架和回归分析框架之下对贸易自由化对中国工业部门就业与工资波动性的影响进行了研究。弹性分析框架下的研究表明，贸易自由化通过提升中国工业的劳动需求弹性，进而增强了工业劳动者工资和就业的波动性。而回归分析框架下的数据只能部分支持贸易自由化导致我国工业工资和就业波动性增强的结论。

王少瑾（2007）采用了中国 2001 ~ 2004 年的省级面板数据，就收入不平等和对外开放之间的关系进行了实证检验，发现进出口的增加和外国直接投资的大量进入均会导致我国收入不平等程度的提高。不同以往研究的是，作者将进口和出口的影响区分开来，分别分析进口和出口对各地区收入不平等的影响，发现进口能够显著提高各地区的收入不平等程度，而出口能够在一定程度上减少收入不平等。鲁晓东（2007）的研究得出以下几点结论：对外开放政策在促进了我国的经济增长、人均收入水平提高的同时，客观上也拉大了地区和行业之间的收入差距；开放度和地区收入差距、开放度与行业收入差距之间存在单向的因果关系；开放政策提高东部沿海地区收入水平的主要途径是国际直接投资，出口对于该地区人均收入的提高的作用力是有限的；对外开放政策对不同行业收入的影响方向和强度都存在很大差别，造成行业收入差距拉大。

金智安（2007）认为对外开放不是我国居民收入差距扩大的主要原因，对外开放促进了劳动力的转移、扩大了劳动要素在收入中的分配比重、提高了技术创新的频率，从而降低了收入差距的扩大；在要素基尼系数上，造成居民收入差距增大的原因并非对外开放本身，而是开放程度的不均衡以及其他内部制度因素（城乡之间的视性制度）所致。徐水安（2003）采用两要素模型分析了加入 WTO 以后我国收入分配状况的变化，认为从贸易比较优势角度来看，加入 WTO 有利于降低我国的收入不平等程度。

赵莹（2003）认为，虽然从理论上来讲，贸易开放度提高会降低收入不平等，但外国直接投资的大量进入会拉大一国收入差距。可是采用我国 1978～1998 年的时间序列数据，却证实贸易开放度的提高和外国直接投资的大量进入均会扩大我国的收入差距。戴枫（2005）采用我国 1980～2003 年的时间序列数据，对以基尼系数测度的收入不平等和以外贸依存度表示的对外开放进行了格兰杰因果关系检验和协整分析，发现两者之间存在长期稳定的关系：取滞后期为 1 时，贸易自由化是收入不平等的格兰杰（Granger）原因。魏和吴（Wei and Wu，2002）采用了 100 多个城市的数据得出了在城市水平上对外开放能够缩小收入差距的结论。黄季焜等（2005）分析了新一轮贸易自由化对中国农业、贫困和环境的影响。研究结果表明贸易自由化促进农业生产结构调整，对中国农业的总体影响是利大于弊。但贸易自由化也将引发新的贫困，使收入不均问题更加严重。林幼平、张澍和吴艳（2002）认为中国居民收入差距的主要原因是地下经济因素、土地所有权缺陷和地租分配不合理、经济全球化及知识经济的发展、农业产值的差距和农业生产结构问题、行业之间的不公平交易和部分行业生产能力闲置等。

2.4 本章小结

本章根据文献的时代从古典经济学、新古典经济学到当代经济学研究，根据研究领域从国际到国内研究，根据开放形式从国际贸易到 FDI，根据关注的领域从收入增长、一国整体收入差距到一国内部异质劳动收入不平等，回顾了开放与收入关系领域里的重要文献。

贸易与收入增长之间关系的研究最早可追溯到亚当·斯密年代，当年的古典经济学家们使用简单但是完美的逻辑结构论证了自由贸易与一国福利增长的正向关系。后续的研究除了在理论上加入技术进步、引入地理因素以及使用严谨的数学模型进行论证之外，大量的研究使用不同年代的数据对贸易与一国收入增长之间关系进行实证考察，大多数的文献证明贸易会提高一国居民的收入。而中国近年来 GDP 的增量中有 30% 的贡献也来自贸易，上述理论和事实向我们表明贸易保护主义的不可取性，也证明了我们持续推进开放政策的有益性。

贸易与收入差距的研究基于 H-O 理论，沿着贸易—商品价格—要素价格——展开的，后续的大多研究放松了 H-O 理论的诸多条件，比如偏好的一致性，同样的技术水平，完美的市场等，对劳动力也进行了严格的细分，比如差异技术劳动之间，不同性别之间，不同教育水平之间以及城乡之间等。由于考察的对象和时间段各不相同，比如对发展中国家和发达国家不同开放阶段的研究，考察收入差距的方式的差异，比如或采用基尼系数对一国整体收入水平的研究，或对国内异质劳动收入不平等的研究，以及使用方法的区别，比如采用供需法或是成本函数，现有研究的结论也大相径庭，有的认为贸易要对绝大多数国家的收入差距负责，有的则显示弱相关，而有些结论也证明贸易可以导致收入差距的缩小。因此要选择合适的方法和理论体系来考察我国的实际情况，毕竟影响收入差距因素众多而且各个国家均有不同。

除了贸易之外，外国直接投资（FDI）也是一种典型的开放模式，且逐渐成为国际资本的主要流动形式，对东道国经济产生了深远的影响。FDI 不仅为其带来了资本等有形资源，还为其带来了技术、管理技能等无形资源，尤其是“技术溢出”。传统的理论认为那种基于再出口目的的外国直接投资，如果资本流入主要集中在接受国劳动力密集的部门，就有可能会导致发展中国家工资不平等的降低。不过，如果考虑到产品生产的全球价值链，发展中国家会因为外国直接投资中的“外包”而提高本国产业的技术水平，改变其生产的结构，最终导致在发达国家和发展中国家对熟练劳动力的需求都会增加，同时引起两种类型国家工资不平等的增长。

至今，对于中国收入不平等的研究涵盖了诸多层面和方法，从家庭数据、乡镇数据、县市际数据、省际数据和国家宏观数据，其度量标准有总体基尼系数，也有各层面的基尼系数，还有农村/城市收入的比率。大量的研究几乎可以得到一致的结论：从 20 世纪 80 年代后，中国的居民收入差距呈现不断扩大的趋势，而其中尤其值得说明的是，城乡居民收入差距是构成总体收入不平等的重要因素。现有的研究也关注到开放对于中国收入差距的影响。如贸易、FDI 的增加会带来技术溢出和产品质量的不断提升，增加对技术劳动的需求，导致技术劳动相对非技术劳动的工资增加。而 WTO 的加入，会对我国农业收入相对非农业收入更加地不平等，导致收入分配的恶化。

第3章　对外贸易、FDI与中国城乡居民收入变化的影响机制分析

在对我国开放条件下城乡收入水平、收入差距和收入结构变化的实证研究之前，有必要分析贸易、FDI到底会通过哪些方式影响到我国城乡居民收入变化，从而带来差距和结构的改变，开放影响收入关系的渠道在中国城乡二元结构的特点下是否成立，如何建立适合中国现实问题的理论体系和影响机制，这些都是本章试图回答的问题。

本章将做如下展开，第1节，总结对外贸易、FDI与城乡居民收入变化的三个内涵：收入增长、收入差距和收入结构，为后续的实证分析提供理论支撑和逻辑关系的建立。第2节，通过对文献的回顾和总结，结合中国特有的发展模式和地区特点，总结出开放与收入变化关系的机制，通过分析归纳可以得出，对外贸易可能会通过要素价格的变化、需求偏好的影响、技术进步的外溢以及劳动力市场弹性的不同引起不同阶层、不同地区、不同技术水平以及不同偏好间收入的变化，从而对收入的整体水平、差距和结构发生作用。FDI对收入的影响是通过技术溢出效应和就业拉动效应等作用于城乡居民收入状况，引起收入不同层面的变化。

3.1 对外贸易、FDI与中国城乡居民收入变化：三个内涵

3.1.1 对外贸易、FDI与中国城乡居民收入增长

无论是古典贸易理论、新古典贸易理论还是近年来发展迅速的新贸易理论，均从各个角度分析和解释了对外贸易如何导致一国财富的增加和收

入的提高，这在国际经济学领域几乎已成定论，只是各个经济学家论证的角度、模式和使用的方法有所不同而已，亚当斯密和大卫李嘉图试图建立在劳动价值论的基础之上驳斥重商主义，证明互利贸易的存在和可能性。H-O理论则试图解释贸易引起一国财富增长的模式和原因，哈伯勒则于1936年将比较优势的理论建立在机会成本基础上，从更为广泛和现实的角度阐释它。近年来盛行的克鲁格曼的新贸易理论和新经济地理学也是从规模经济、地理区位等角度解释贸易的模式和互利原因，这也是为什么WTO在全球范围内不遗余力地推广自由贸易反对贸易壁垒的原因。而FDI引起收入增长的变化也是近年来学术界讨论的主题之一，大部分的理论和实证结果均表明FDI与一国或个别地区收入的增长有长期正相关性。

中国经过30年的改革开放，FDI的引进额度数年来均为全世界第一的水平，而贸易开放度在加入WTO之后也大大提高，目前已是全球最大的出口国之一，考察贸易、FDI与中国城乡居民整体收入的机理并做出实证分析，既是对贸易理论在中国的适用性的一个检验，也是对我国改革开放政策在收入方面作用的理论和事实考证。

3.1.2　对外贸易、FDI与中国城乡居民收入差距

体现在不同层面和不同增长速度的收入提高带来的效应就是收入差距的变化，而在中国收入差距的持续走高和收入不平等现象的日益严重已是不争事实，本章希望回答的另一个问题是30年的开放进程虽然与收入差距的变化同时进行，但是他们之间是否有联系，而这种联系又有多少，是促进还是缩小了中国城乡居民的收入变化？他们之间影响的渠道又是什么，如果能利用严格的实证检验证明开放能缩小城乡之间的收入差距，这无疑是对我们坚定改革开放政策的又一有利佐证。

虽然关于开放与收入差距关系的研究在国外已经非常成熟，但是中国自身特有的城乡二元结构特点是全世界众多国家所没有的，这就带来一个理论适应性的问题，开放引起收入差距的变化的影响机理到底在中国可否行得通？这些机理该如何与中国城乡结构的特点有效结合以说明中国的特色问题，在此基础上才可以进行具体的实证检验，以达到理论与实证的充分吻合。从对现有理论的总结和分析看，贸易、FDI基本可以通过对要素价格的变化、技术的外溢、就业的拉动和需求偏好的不同影响收入变化，

本书需要说明的是这些渠道机制是否在分析城乡居民收入变化时发生作用，作用的方向又是如何变化。

3.1.3 对外贸易、FDI与中国城乡居民收入结构变化

虽然在现有掌握的文献里笔者还没有发现考察开放与收入结构变化的研究，但这并不说明他们之间没有影响，这也是本书的一个不足之处，虽然在后续的章节里对开放与收入结构之间的关系做了严格的实证检验，但是他们之间的机制分析和理论模型的建立却是本书所缺少的，这为进一步的研究提供了方向。

我国城乡居民收入结构在改革开放之后发生了多元变化，甚至有的收入形式由于占比渐小而从统计年鉴中消失。在农村农户成为独立生产单位，农民获得配置经济实体资源的自主权，在土地、资金短缺而劳动力过剩的情况下，导致大量的农村劳动力开始向非农产业的转移，农村家庭居民收入结构开始改变；在城镇，随着国有企业承包制、股份制改革的推进和深化、非国有企业的大力发展，城镇居民的收入结构也发生了改变。那么对外贸易和外国直接投资对城镇和农村居民收入结构会有怎样的影响，本书将通过实证研究给予解答。

3.2 对外贸易与城乡居民收入变化的机制分析

在H-O模型中，国际贸易会降低一国稀缺要素生产的产品价格而提高丰裕要素生产的产品价格，这种商品价格变化会直接影响到要素价格变化，从而对国内收入分配产生影响。因此，H-O理论中其实暗含了贸易与收入分配之间的影响机制分析，即沿着商品价格变化—要素价格变化—不同劳动者的收入变化的渠道最终影响收入水平、差距的改变。随后本书将涉及到的需求偏好机制、技术进步机制等也是通过相关理论引申而来。

3.2.1 要素价格机制

最早提出贸易影响收入差距的FPE理论和SS模型均把要素价格作为研究贸易影响收入差距的渠道，即生产要素的回报率取决于要素的供需，

贸易会通过影响要素需求的变化影响要素价格和收入分配。对于发展中国家和发达国家，贸易开放下可贸易品分布并不相同，导致贸易对发展和发达国家的居民收入变化方向和幅度并不一致。有研究表明那些中等技术密集程度的产品的关税水平的降低，会导致工资在两个国家的不平等的变化方向相同。如果关税的减让发生在北方国家，那么在两个国家的工资不平等都会增加；如果南方国家进口中等技术水平的产品并削减了进口关税水平，那么在两国的工资不平等的程度都会降低。

按照经济地理学的观点，一国内部地区收入不平等在该国开放之前会较大［藤田、克鲁格曼和维纳布尔斯（Fujita，Krugman and Venables），1999］。国内公司为降低运输成本，会选择将中间产品投入和最终需求中心定位在一国中心地区，这会导致人口和经济活动集中在这一地区，从而增加地区间固定要素实际收益的差距（如土地）；随着贸易自由化的进行，公司可以使用国外资源和中间投入品，减少中心地区经济活动的集中性，地区间固定因素实际收入的差距会减少。这一理论为解释部分发达国家收入差距的缩小提供了另外一种可能的理论途径。

从中国的特点分析，中国的贸易模式是以非熟练劳动密集的产品换取熟练劳动的产品进口，按照拓展的SS理论的分析［多恩布什等（Dornbusch et al.），1980；芬斯特拉和汉森（Feenstra and Hanson），1995；萨赫斯和沙茨（Sachs and Shatz），1994等］，开放会导致密集使用熟练劳动力产品的价格下跌和密集使用非熟练劳动力产品价格的上升。因此，熟练劳动力的相对工资会下跌，而非熟练劳动力的工资会上升，国家间生产要素的绝对价格收敛（convergence），工资不平等降低。再从城乡二元结构的特点来看，我国农村输出的劳动力由于教育的缺乏和知识的有限，绝大部分从事的是非熟练劳动密集产业，而城镇居民尤其是中等以上城镇居民的文化层次和技术水平相对要高得多，他们所从事的则是以熟练劳动为主体的行业或者非熟练劳动密集型产业中的技术劳动，根据要素价格机制，贸易可以导致农村居民收入的提高和收入差距的缩小。

本书原本分析要素价格机制时，其实是暗含一个前提，即要素市场是相对完美的，没有考虑到中国要素市场扭曲的问题。幸好本书所涉及到的要素，主要是技术劳动和非技术劳动，因此主要是谈劳动力市场价格的变化。根据盛仕斌，徐海（1999）的研究以及赵自芳，史晋川（2006），史晋川，赵自芳（2007）等的研究表明，中国劳动力市场的扭曲要小于资本市场的扭曲，而民营企业的扭曲程度要小于国有企业，而且劳动力市场的价格扭曲呈现一种收敛趋势，说明劳动力市场在经历了市场化之后，市场已经开始逐渐在劳动力要素价格中发挥作用。因此可以初步认为，在中国，开放通过商品价格的变化影响要素价格，最终影响到收入差距的机制在劳动力市场还是能发挥一定的作用，它促进了技术劳动和非技术劳动之间收入差距的缩小，即对城乡之间收入差距的扩大是一种反向的作用。

3.2.2 需求偏好机制

传统的国际贸易理论认为国家间的偏好一致，这种假设认为各国及个人对产品的需求同它们在全球收入中的份额相对应，一国消费模式取决于它们在世界 GDP 中的份额以及世界总产出，上文提及的要素含量法正是基于此。尽管它成功地解释了基于要素供给差异方面的问题，却没有从需求上考虑国际贸易，因此后续的很多研究将需求偏好作为贸易影响收入差距的渠道，放松了传统贸易中各国偏好相同的假设，认为总需求不仅仅依赖于总收入，而且依赖于人均收入。

如果在经典的引力模型（Gravity Model）中考虑居民的需求偏好，则会发现偏好的不一致性是不平等产生的重要原因。有研究［达克因、迈特拉和特林达德（Dalgin，Mitra and Trindade），2004］表明，如果仅将产品分为奢侈品和必需品两种，会发现奢侈品的进口增加了进口国的不平等，而必需品的进口则正好相反。进口国不平等的增加则会导致扩大他们同发达国家的贸易额，减少从发展中国家的进口，这更加剧了国家间的收入差距。在研究偏好对国际贸易和居民收入影响的时候，不仅要考虑偏好在国家间的异质性，还要考虑偏好的改变，譬如一国的技术劳动或受过较高教育的人口喜欢消费技术密集型产品（Skill Intensive Product）。当这类人口数量增加时，会产生以下三种效应：（1）直接效应是非技术劳动工资下跌；（2）市场产品多样性增加；（3）对技术密集产品需求的增加，进而提高技术型劳动的工资。这三个效应的综合结果是技术劳动工资的上升，加大收入不平等性。

对于开放经济中个体偏好的考虑，克鲁格曼（Krugman，1980）就已经将一个经济体分为两个偏好截然不同的部分，每一部分都对某一特定集合的物品具有不同的需求曲线，其分析的结论认为每一个开放的经济体会选择专业化生产那些在国内具有更大市场的某些产品，出口其密集使用其丰裕要素的产品。但是当考虑到对要素工资影响时，却得到与H-O定理相反的结论，认为开放会导致技术丰裕国本国技术要素相对丰裕程度的降低，导致技术人员相对工资的降低。同样，在一个技术稀缺的国家，贸易的自由化也会导致稀缺要素（技术）报酬的增加。这个结论同对墨西哥、智利等国的实证研究结果是一致的。芬斯特拉和汉森（Feenstra and Hanson，1996）分析了生产从北方国家向南方国家转移的过程，生产转移可能是由于南方资本市场的相对增长，或许是因为南方相对于北方的中性技术进步。这种生产的转移都会导致南方国家产品的技术要素含量的增加，导致在两个国家对技术劳动力需求的增加将会导致技术劳动力相对报酬在南、北两个地区都会有所增加。

从中国的情形来看，虽然城镇居民的消费水平和需求偏好与农村居民的有所差别，但是中国毕竟还是一个人均收入水平较低的国家（2007年中国人均GDP排名在100名以后，国家统计局网站），所以，其基本消费水平仍然是以非奢侈品为主，因此，开放通过需求偏好的差异影响中国城乡居民收入变化的因子作用要小于要素价格的影响。

3.2.3 技术进步机制

H-O模型的另一假设是技术相对于国际贸易而言为外生变量，但很多研究发现技术也是推动国际贸易的驱动之一。① 近年来对发达国家工资不

① 许多研究建立在H-O框架上讨论了技术对工资的冲击，比如说Baldwin and Cain（2000），Berman，Bound and Griliches（1998）and Leamer（1998）。这些研究通过测量部门的技能偏态型变化（Sector Bias of Technological Change）发现全要素生产率（TFP）能够提高美国的技术差异［Leamer（1998）］。Haskel and Slaughter（2001）发现全要素生产率的变化与英国国外竞争的关系。Feenstra and Hanson（1999）分解了美国的TFP，发现计算机的使用和“外包”的盛行导致美国工资的不平等。很多工作调查了技术革新对熟练劳动力的需求中的角色，也就是技能偏态型技术变化［The Skill-Biased Technological Change（SBTC）］假设。这些研究主张许多先进国家的劳动力需求由于技术的结果从非熟练劳动力向熟练劳动力转向，需要更少的劳动力但是更严格的条件［Berman，Bound and Griliches（1994），Berman，Bound and Madrin（1998）］。对于这个提议的关键问题是“更先进的资本与技术如何影响欠发达国家的劳动力市场”和“作为资本、技术和熟练劳动力的补充（complementarity）的结果，是不是会有一个对熟练劳动力需求增长的过程?”假设通过与发达国家的贸易，资本品与技术转移至发展中国家使用偏向于熟练劳动力，而发达国家的这种要素是丰裕的，对劳动力需求结构的转变也会偏向熟练劳动力，那么人力资本的回报就应该提高。这个假设是由Robbins（1996）提出。

平等增长最有影响力的解释是“贸易导向型技术进步”，这是对传统模型在技术动态方面的拓展。SS定理认为国际贸易商品价格的变化必然会导致要素价格更大比例的变化①。可是现实的实证分析发现［萨赫斯和沙茨（Sachs and Shatz），1994］，产品相对价格的变化只能解释可观测到工资不平等的很小部分。

导致贸易扩张、经济增长进而影响居民收入的因素概括起来可包括五点：（1）开放贸易后，经济沿着给定的生产可能性边界转移；（2）经济自然的（内生）的增长；（3）外生要素偏向的技术进步，比如资本存量相对劳动力增加；（4）外生部门偏向的技术进步，如投资部门的技术比其他部门技术进步的更快；（5）偏好或者需求改变。贸易开放导致国内贸易品相对其他部门产品的相对价格和其所雇佣的劳动力转向贸易品部门，贸易品部门生产可能性曲线相对增长（技术进步）会吸收被其他部门释放的劳动力，但要完全吸收所有剩余劳动力则劳动者的工资必须下降。所以贸易开放和部门的特定技术变化的联合作用就会导致收入不平等加剧。

对于技术进步的研究逐渐由外生性技术进步转向内生性技术进步。技术水平有两种，第一种是一般的技术，通过信息溢出可以被其他竞争者模仿，不过在这种技术水平下，生产部门可以通过改进转变成为第二种技术；第二种是熟练劳动偏向的技术，不存在信息溢出而且很难模仿。在北方国家贸易一体化和动态均衡过程中，贸易首先导致研发人员数目上升，资源约束线右移，在达到新的均衡点过程中会发生技能偏态型的技术进步，从而扩大北方国家的收入差距。在南北贸易一体化过程中，只要一方不完全专业化于第一种或者第二种技术，则贸易导致的技能偏态型技术进步会拉大其收入差距。阿齐默鲁（Acemoglu）的研究认为，技能偏态型的技术进步是内生的，是人力资本投资增加造成的高技能劳动力供给增加的结果，当高技能劳动力供给增加时，技术进步就被导入了技能偏态的轨道。他认为，劳动力中技能供给的增加在短期内降低了高低技能劳动力的收入差距，但是长期来看，技能供给的增加导致了技术进步的技能偏态性，使得高低技能劳动力收入的增长超过了最初

① 即如果某种商品的价格上升，那么至少有一种要素的价格会上升更大的幅度。参见Jones（1965）。

的降低效应。在保持技术不变的情况下，贸易量增加会提高技能丰裕型国家的技术劳动收入而降低技能稀缺型国家的技术劳动收入，而一旦发生技术进步，则两种国家的技术劳动收入都会增加，这样就拉大了收入差距。

从中国的情形分析，贸易到底会带来中国多少程度的技术进步以及这种技术进步对收入差距的影响程度如何尚不明确，而且，在中国即使技术进步发生在城镇的概率比农村高出很多，这种效应也未必能够转化成工资的上升，所有这些有待进一步考证。

3.2.4　劳动力市场弹性机制

SS理论关于收入差距问题的研究是基于要素的需求和价格，显然未考虑到劳动力市场的特点，而实际上国际贸易可能会增加劳动力市场的自身价格弹性，对发展中国家低技术工人的工资和就业带来不利结果。如果国际贸易会增加产品市场的竞争性，产品的需求将会变得更加有弹性“既然对劳动力的需求是衍生需求，会随着对产品的需求变化而成比例的变化，产品市场的一体化会使得对国内劳动力的需求更加富有弹性”。从国际贸易会增加对劳动力需求的自身价格弹性的论点中，可得到三个含义。首先，日益递增的贸易和投资机会使得工人想要取得更高水平的生活标准和福利代价更昂贵；其次，较高的弹性将会使得工资和就业面临劳动力需求的外部冲击时更加不稳定；最后，较高的弹性会导致对劳动力的需求转向资本，这样会导致“公司剩余中工人所占的份额更少”。国际贸易会增加产品市场的竞争性，对产品的需求将更有弹性，由于对劳动力的需求是衍生需求，会随着对产品的需求变化而成比例变化，劳动力市场弹性必然增加。弹性增加将使得对劳动力的需求转向资本，工资和就业面临劳动力需求的外部冲击时更不稳定。

通过上面的分析可以得出，无论是要素价格、需求偏好、技术进步和劳动力市场弹性的作用，均可以导致一国收入差距的变化，但是一个重要问题是，这些因素对中国城乡居民收入差距影响的因子比重如何？到底是哪种机制发挥作用，引起我国收入各个层次的变化。这些均是本书力所不及之处，尚待进一步解决。

3.3 FDI与中国城乡居民收入变化：主要机制[①]

3.3.1 技术溢出机制

20世纪80年代以来，随着经济全球化趋势的不断加剧，国外直接投资（FDI）也逐渐成为国际资本的主要流动形式，对东道国（地区）的经济产生了深远影响。FDI不仅为其带来了资本等有形资源，还为其带来了技术、管理技能等无形资源，更重要的是通过技术外溢效应（Technology Spillover Effect），促进东道国（地区）的技术进步，进而为东道国（地区）的经济增长做出贡献。而理论界对于FDI的技术外溢效应也展开了大量的研究，普遍认为FDI技术外溢是指发达国家和地区在其他国家，特别是在发展中东道国（地区）进行直接投资时，其先进的生产技术、经营理念、管理经验等通过某些非自愿的扩散途径，渗透到当地的其他企业，从而促进东道国（地区）企业技术水平的提高，是一种经济外部性的表现。

综合起来，FDI的技术外溢作用机制归结为以下三种途径。(1）竞争与示范，指的是外资企业通过增加市场的竞争程度，迫使国内竞争对手谋求提高技术水平，同时外资企业生产的产品以及采用的先进技术，势必会引起当地企业的模仿，并且市场的竞争程度越高，技术外溢效应也就越强。(2）产业联系，指的是外资企业在与东道国（地区）的供应商和客户发生的各种联系中，外资企业先进的产品、生产工艺、管理和营销等方面的相关技术，会不自觉地渗透到东道国（地区）的企业中去。并且在

---

① 外国直接投资对要素价格影响的研究总体来说发展较晚，外国直接投资可简单划分为两种类型，一种是东道国（地区）市场导向的投资，这可看做是对国际贸易的一种替代；另一种是出口导向的投资，这可以看做是贸易的补充。所有之前贸易的要素价格机制、需求偏好机制、技术进步机制和劳动力市场弹性机制的分析逻辑皆适应于对外资的分析。不过在已有对外资的研究中，人们更多地认识到外资的技术外溢效应。在此，笔者对外资的要素价格机制、需求偏好机制、技术进步机制和劳动力市场弹性机制不再赘述。

一定程度以内，外资规模的扩大会增加外资企业与东道国（地区）企业的接触机会，增强两者之间的产业联系。（3）人力资本流动，指的是东道国（地区）员工在外资企业工作期间积累了相关的技能，形成了一定的人力资本，而当这些员工“跳槽”到东道国（地区）当地企业或创办自己的企业时，其在外资企业所培养的各种技能也随之外流。因此随着人力资本的流动，技术外溢效应便会随之发生。同样，在一定程度内，外资人员规模的增加也会提高这种人力资本流动的可能。

现有研究表明外资开放的技术外溢不仅可以作用于技术密集部门，也作用于非技术密集部门，外资开放对技术劳动力和非技术劳动力的需求取决于开放对于两部门效率的影响：（1）如果外资开放提高技术部门效率，且也提高了非技术密集型部门的生产效率，不过对技术密集型部门的效率提高要大于非技术密集型部门的，会带来技术劳动力和非技术劳动力收入的提高，且工资不平等增加；（2）如果外资开放提高技术部门效率，降低了非技术密集型部门的生产效率，会带来技术劳动力收入提高和非技术劳动力收入的降低，且工资不平等增加；（3）如果外资开放提高技术部门效率，且也提高了非技术密集型部门的生产效率，不过对技术密集型部门的效率提高要小于非技术密集型部门的，会带来技术劳动力和非技术劳动力收入的提高，且工资不平等减小；（4）如果外资开放降低技术部门效率，提高了非技术密集型部门的生产效率，会带来技术劳动力收入降低和非技术劳动力收入的增加，工资不平等下降。

在全球化的投资浪潮中，“外包”（Outsourcing）作为其形式的一种在当代的跨国企业中得到广泛采用。伯曼、邦德和格里利克斯（Berman，Bound and Griliches，1993）发现在1987年美国本土企业进口的1040亿美元的原材料中，仅有7%是属于美国本土企业同一产业（按照3位数的划分法）的，因此他认为这部分的“外包”可以忽略。而萨赫斯和沙茨（Sachs and Shatz，1994）的研究发现美国本土企业中间产品从发展中国家的进口已经从1977年的7.1%上升到1990年的13.3%，他认为这部分属于基于发展中国家低工资生产和出口平台的“再出口”（Reexport）。芬斯特拉和汉森（Feenstra and Hanson，1995）采用了450个4分位法的行业数据研究发现，“外包”可以解释15%~33%的非生产性（技术型）劳动力工资收入占整个产业工资总额比例的上升。惠勒和摩迪（Wheeler and Mody，1992）利用1982年和1988年的数据实证分析发现外国低劳动力成本是少数可以解释美国制造业跨国公司对外直接投资的因素之一。

由于中国目前吸引的FDI主要集中于长三角、珠三角和沿海的大中城市，所以FDI通过技术溢出对我国城乡居民收入和差距的变化也必然有影响，尤其是在导致沿海地区城乡收入差距和中国不同地区收入差距方面会引起差距的扩大。

3.3.2 就业拉动机制

在技术一定的条件下，增加一定的资本则必然要求增加相应的劳动力投入，FDI对就业存在就业量和就业结构两方面的影响，进而影响到居民的收入和收入结构。依据陈和谷（Chen and Ku，2003）的研究，可以将FDI对就业的影响划分为两大效应，分别是替代效应（Subsitutite Effect）和产出效应（Output Effect），前者是指FDI在提供资本的同时，通过技术外溢，使得资本要素生产率得到提高，形成了对劳动要素的替代，这种效应的结果是就业量的减少，而后者是指FDI投资在既定的生产函数下，必然会带来就业量的增加，否则仅依靠资本投资无法形成生产能力。显然，FDI对就业量的影响，取决于以上两种效应的“较量”，因而对于不同部门和产业，FDI对就业量的影响可能是并不一致。

基于我国现实来看，改革开放初期，在重工业优先发展的战略主导下，我国产业结构较为简单，制约了我国比较优势的发挥。随着外商直接投资的大举进入，一方面对原有的主导产业起到了升级改造的作用，另一方面，加快了其他弱势产业的发展，甚至填补了一些产业的国内空白，我国丰富的劳动力资源优势获得了极大的释放。因此，改革开放前期FDI对我国就业影响的创造效应要大于替代效应。在改革开放的后期，随着我国不断出台政策鼓励高新技术产业和服务业的快速发展，我国产业结构的不断得到升级，企业开始重视用技术提高劳动生产率，FDI对就业的替代效应要大于创造效应。无论是替代效应还是创造效应，外商直接投资都带来了社会就业结构的改变，进而影响到居民的收入水平，如图3-1所示。

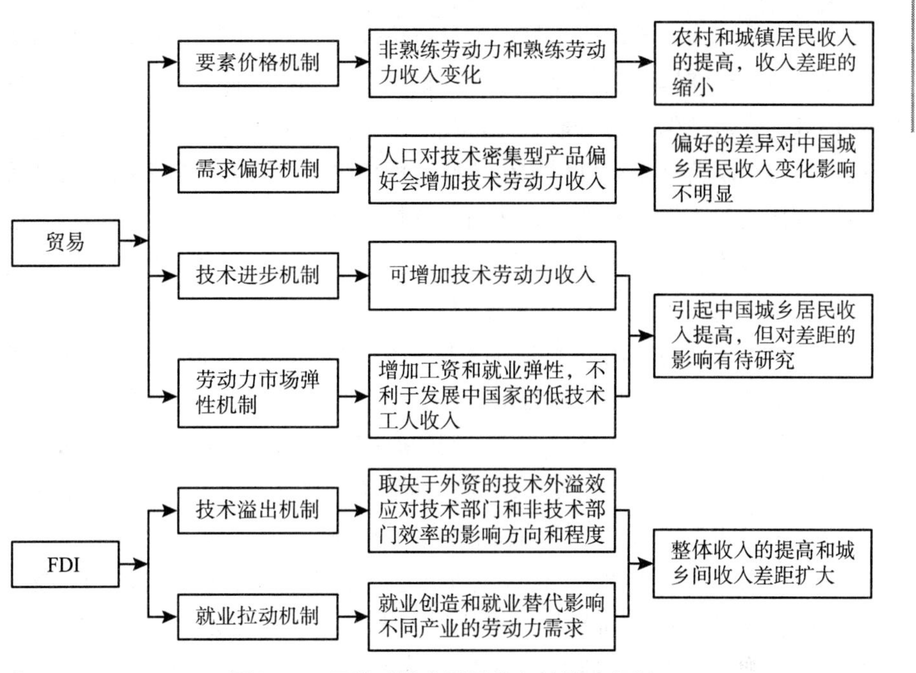

图3-1　开放对城乡居民收入的影响机制

3.4　本章小结

经典的SS理论认为如果熟练劳动密集型产品相对于非熟练劳动密集型产品的价格增加，在一个开放的经济下，熟练劳动相对于非熟练劳动的工资差距就会扩大，并认为产品价格的变化会带来工资超比例的变化。具体而言，对于发达国家，其结论认为开放会导致密集使用非熟练劳动产品的价格下跌和密集使用熟练劳动产品价格的上升，最终带来的是工资差距的扩大；对于发展中国家，其结论认为开放会导致密集使用非熟练劳动产品的价格上升和密集使用熟练劳动产品价格的下降，最终带来是工资差距的缩小。遗憾的是，随后大量的实证研究表明仅从产品价格的角度出发仅能解释要素价格变动的一小部分，甚至会得出完全相反的结论。这引致了理论进一步的发展。

贸易影响收入差距的渠道还可以从以下三个角度分别说明：后续的部分研究放松了偏好一致性的假设条件，对H-O理论进行拓展，假定了一国内技术劳动力对技术密集型产品具有更强的偏好次序，这样贸易自由化会导致技术稀缺国家技术要素报酬的增加；H－O 理论的另一个假设条件是技术一致性，但贸易开放不可避免会带来技术水平的变化，技能偏态型技术进步机制将技术很好地内生化研究框架之中，研究结果表明贸易开放会导致技能偏态性技术变化，从而改变技术要素的工资决定，而如果考虑与投入（技术劳动、非技术劳动）特定相关的其他要素的存在，如与技术密集型产业相关的风险资本增加，也会带来工资不平等更大幅度的变化；最后将劳动力市场的弹性机制考虑到要素价格的决定，认为国际贸易可能会增加劳动力市场的自身价格弹性，已改变劳动力要素价格的决定。

对于外资开放之于居民收入分配的研究，大部分都是选择了技术外溢为视角，可将技术外溢机制归结为三种路径：竞争与示范、产业联系和人力资本流动。外资带来东道国技术水平的提高，导致技术劳动和非技术劳动工资的不平等发生改变，其具体的改变方向取决于：技术劳动和非技术劳动的相对供给；时间趋势，当技能偏态型技术进步发生，随着时间推移，技术劳动力工资会提高；外资对技术劳动和非技术劳动效率单位影响的差异，如果对技术劳动效率单位影响大于非技术劳动，技术劳动力相对非技术劳动力工资提高，收入不平等加剧。外资另外还可以通过就业效应对一国的收入变化产生影响。

第4章　对外贸易、FDI与城乡居民收入变化的测度

一国参与国际经济的程度可以用对外开放度来表征，并且存在多种方法给予测度，总的来说可以分为两类：一类是通过刻画一国的体制和政府政策（尤其是贸易政策）的开放性来直接反映对外开放程度，包括国内市场相对于国际市场的价格扭曲程度［多乐（Dollars），1992］，外汇的黑市交易费用［李维和雷尔特（Levine and Renelt），1992］，平均关税税率和非关税壁垒覆盖率［托马斯等（Thomas et al.），1991］等指标；另一类是通过度量经济体对外开放的结果来反推对外开放程度，包括贸易开放度、投资开放度和金融开放度（刘伟、赵兰英，2006）。对于中国开放度的测算，罗龙（1990）提出用出口覆盖度、有形贸易关联度、劳务贸易关联度、部门间分工参与度、部门内分工参与度及资金关联度等6项指标来衡量；张焕明（2003）将对外开放度分解为对外直接投资、对外借款、进出口总额三个指标；罗汉等（2004）选取代表经济开放因素的贸易开放度、资本开放度和生产开放度这三个指标，并分别给予0.3、0.4和0.3的权数；胡智和刘志雄（2005）选取贸易开放度、实际关税率、金融开放度、投资开放度和生产开放度五个指标，利用因子分析法测算了我国的经济开放度。基于本书的研究视角，在本章，笔者将对中国的贸易和投资开放度分别进行测算，了解我国对外贸易和投资开放的时间趋势和省际、地区分布情况。

本章后续部分如下安排：第1节，对贸易开放度和投资开放度的测算；第2节，对城乡收入差距的测度，分别采纳了城乡收入比、收入结构数、基尼系数和泰尔指数四个指标；第3节，是对本章测算结果的简单小结。

4.1 贸易开放与FDI开放的测度

4.1.1 贸易开放度

衡量贸易开放度最常用的指标是外贸依存度，外贸依存度等于一国对外贸易额占该国GDP的比重。包群等（2003）分别用外贸依存度、价格差异、实际关税率以及外汇市场扭曲等5种指标测算了中国改革开放以来的贸易开放度，认为在现阶段外贸依存度能够较好地刻画中国贸易开放度对经济增长作用。本书也采纳对外贸易依存度来刻画我国贸易的开放程度，其具体的计算方法是进出口总额（亿元）除以GDP（亿元）。通过查阅各年《中国统计年鉴》和《新中国五十五年统计资料汇编》的相关进出口和GDP数据，便可计算出结果。

表4－1刻画的贸易开放度的具体计算结果，可以看出从1978年开始，我国贸易开放度呈明显的逐年递增的趋势，在1978年我国整体进出口总额占全国GDP的9.73%，而到了2003年便超过了GDP的一半，至2006年达到了66.85%的新高，贸易开放度在近30年的时间内增长了5倍之余。从图4－1来看，贸易开放度在2000年之后的走势更加陡峭，其中的一个重要原因是我国在2001年加入了WTO组织后为我国对外贸易扫清了各种关税和非关税壁垒的障碍。

表4－1　　全国贸易开放度：1978～2006年

年度	开放度（%）	年度	开放度（%）	年度	开放度（%）
1978	9.739	1988	25.406	1998	31.812
1979	11.175	1989	24.458	1999	33.338
1980	12.540	1990	29.784	2000	39.584
1981	15.032	1991	33.174	2001	38.469
1982	14.484	1992	33.872	2002	42.697
1983	14.425	1993	31.899	2003	51.907
1984	16.662	1994	42.288	2004	59.757
1985	22.923	1995	38.655	2005	63.590
1986	25.113	1996	33.907	2006	66.852
1987	25.577	1997	34.147		

资料来源：《中国统计年鉴》、《新中国五十五年统计资料汇编》。

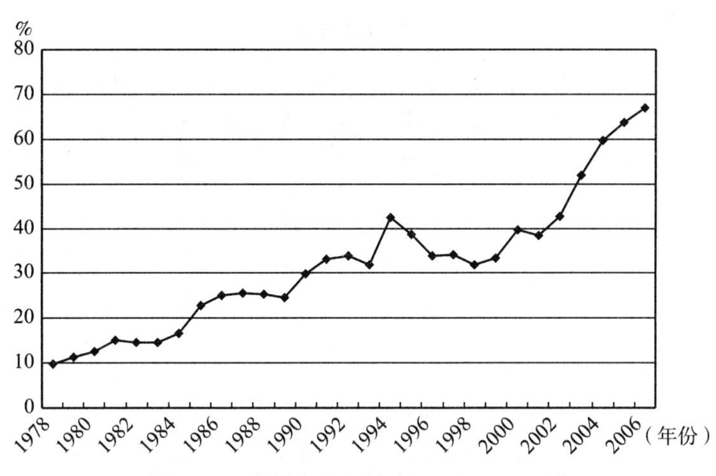

图4－1　全国贸易开放度：1978～2006年

资料来源：《中国统计年鉴》、《新中国五十五年统计资料汇编》。

我国是幅员辽阔的大国，各地区自然条件，社会经济发展都存在较大差异，对于这样的大国，简单地将全国作为一个整体分析未免显得不够细致。因此，通过收集各省的贸易和国内生产总值数据，笔者还对各省的贸易开放程度加以计算，其时间跨度也是从1978～2006年，并按照各省的地理位置将其划分为中国东、中、西三大区域①。

因为篇幅所限，表4－2仅选择了代表性的6年时间加以刻画。可以看出，无论东部地区，还是中部和西部地区，在1978年之后贸易开放度都呈迅速上升格局，东部地区在1978年的贸易开放度仅为7.476%，到2006年增加到87.26%，扩大了10多倍；中部地区从1978年的0.853%提高到2006年的11.635%，也扩大了10多倍；而西部地区从1.782%提高到2006年11.917%，扩大了5倍多。从纵向比较来看，东部地区的贸易开放程度要始终远高于中部和西部地区，而中部和西部地区的开放程度相差不大。从单个省份来看，在2006年贸易开放度最高的是上海，达到174.603%，而最低的是贵州省，仅有5.637%。

① 将我国划分为东部、中部、西部三个地区的时间始于1986年，由全国人大六届四次会议通过的“七五”计划正式公布。东部地区包括北京、天津、河北、辽宁、上海、江苏、浙江、福建、山东、广东和海南等11个省（市）；中部地区包括山西、内蒙古、吉林、黑龙江、安徽、江西、河南、湖北、湖南、广西等10个省（区）；西部地区包括四川、贵州、云南、西藏、陕西、甘肃、青海、宁夏、新疆等9个省（区）。1997年全国人大八届五次会议决定设立重庆市为直辖市，并划入西部地区后，西部地区所包括的省级行政区就由9个增加为10个省（区、市）。

表4-2　省际贸易开放度　单位：%

地区	省份	1978年	1985年	1990年	1995年	2000年	2006年
东部	北京	4.264	11.246	22.419	220.089	165.809	158.825
	福建	4.802	13.346	43.365	55.921	44.897	65.401
	广东	13.362	27.668	140.475	150.506	145.930	159.896
	海南	0.969	9.090	47.717	53.686	20.566	21.493
	河北	2.543	10.599	11.368	11.412	8.523	12.607
	江苏	2.676	9.053	15.253	26.187	44.042	103.950
	辽宁	10.746	30.868	31.034	39.379	33.840	41.508
	山东	6.030	13.372	14.479	23.189	24.232	34.243
	上海	17.303	32.923	51.279	82.028	99.535	174.603
	天津	18.655	25.118	37.096	72.753	86.619	117.454
	浙江	0.884	7.803	14.824	27.102	38.103	69.875
东部均值		7.476	17.372	39.028	69.296	64.736	87.260
中部	安徽	0.145	3.857	5.844	8.318	9.121	15.819
	河南	1.134	2.958	5.606	6.161	3.679	6.221
	黑龙江	0.405	4.266	10.893	9.832	7.601	16.481
	湖北	1.791	5.167	7.533	11.815	6.240	12.316
	湖南	1.689	4.459	6.603	7.866	5.634	7.710
	吉林	0.705	8.162	13.608	19.163	11.413	14.691
	江西	1.265	4.551	7.687	9.389	6.713	10.523
	内蒙古	0.417	3.345	7.917	9.938	15.496	9.876
	山西	0.130	4.617	6.338	11.251	8.887	11.077
中部均值		0.853	4.598	8.003	10.415	8.310	11.635
西部	甘肃	0.833	2.408	4.347	8.992	4.795	13.322
	广西	5.535	8.583	10.437	17.129	8.214	10.968
	贵州	0.550	2.090	4.375	8.751	5.500	5.637
	宁夏	3.554	5.324	6.836	10.739	13.809	16.086
	青海	1.071	3.070	5.248	7.731	5.017	8.044
	陕西	0.229	2.580	7.453	13.968	10.669	9.408
	四川	0.179	1.313	2.562	5.996	5.255	10.130
	西藏	3.904	3.084	5.695	32.207	9.186	9.004
	新疆	0.937	7.726	7.816	11.784	13.740	23.727
	云南	2.354	4.575	8.681	14.774	7.677	12.326
	重庆	0.453	3.369	7.062	13.734	9.304	12.439
西部均值		1.782	4.011	6.410	13.255	8.470	11.917

资料来源：《中国统计年鉴》、《新中国五十五年统计资料汇编》以及各省统计年鉴。

4.1.2 FDI开放度

外资开放度的具体度量指标也有多个，常见的包括外资依存度，外资贸易率（外商投资企业出口总额占一国外贸出口总额）和外资率（一国实际利用外国直接投资占本国投资总额的比重）。不过，最常用的还是外资依存度，而且根据胡忠俊等（2006）的研究，外资依存度能更好地刻画我国的投资开放程度。通过对《中国统计年鉴》和《新中国五十五年统计资料汇编》上实际利用外国直接投资和GDP数据的收集，两者相比即可得到投资开放度的数据。

表4-3是对我国1979~2006年间整体外资开放度计算的具体结果，从表中可以看出我国投资开放度呈现先递增后递减的趋势，最大值出现在1994年，达到5.927%，而随后逐年递减，不过我国利用外国直接投资的绝对值仍然逐年递增。图4-2是对外资开放度变化趋势的刻画，从图中可以很清晰地看出，我国外资开放度在20世纪90年代初期呈现急剧上升的态势，不过从90年代中期之后开始逐年下降。

表4-3　　**外资开放度：1979~2006年**　　单位：%

年份	开放度	年份	开放度	年份	开放度
1979	0.058	1989	0.942	1999	3.723
1980	0.049	1990	0.975	2000	3.398
1981	0.052	1991	1.084	2001	3.535
1982	0.054	1992	2.371	2002	3.625
1983	0.093	1993	4.517	2003	3.258
1984	0.054	1994	5.927	2004	3.136
1985	0.644	1995	5.123	2005	2.680
1986	0.812	1996	4.866	2006	2.616
1987	0.714	1997	4.756		
1988	0.790	1998	4.471		

资料来源：《中国统计年鉴》、《新中国五十五年统计资料汇编》。

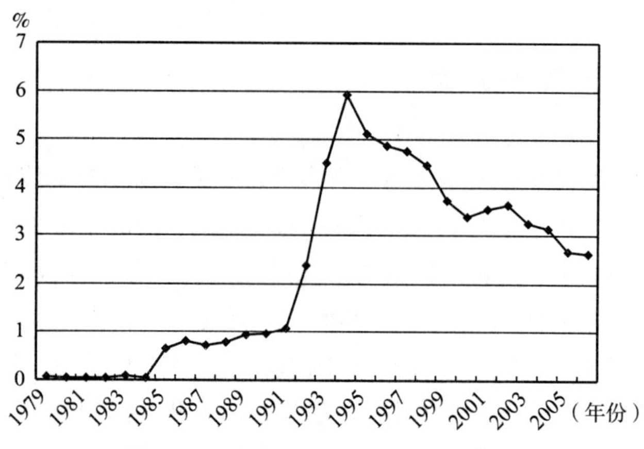

图 4－2　外资开放度：1979～2006 年

资料来源：《中国统计年鉴》、《新中国五十五年统计资料汇编》。

表 4－4 是各省份外资开放依存度计算结果，因为各省开始吸引外国直接投资的时间并不一致，所以计算的起始时间为 1984 年，而且西藏的外国直接投资在后期才有所发展，所以本书没有计算西藏的外资开放度。因为篇幅所限，本表只报告了关键 5 个年份的数据。从地区来看，东部地区的外资开放程度要远大于中部地区和西部地区，以 2006 年为例，外资开放程度最高的是天津市，达到 7.52%，最低的是新疆，为 0.270%。

表 4－4　　省际外资开放度　　单位：%

地区	省份	1984 年	1990 年	1995 年	2000 年	2006 年
东部	北京	0.688	2.887	6.426	5.624	4.592
	福建	0.738	2.899	15.641	7.249	3.358
	广东	2.834	4.889	14.852	9.667	5.381
	海南	0.750	5.246	24.204	6.880	5.647
	河北	0.012	0.229	1.592	1.105	1.372
	江苏	0.137	0.458	8.357	6.199	6.376
	辽宁	0.021	1.197	4.233	3.626	1.640
	山东	0.002	0.521	4.462	2.880	3.226
	上海	0.174	1.201	9.749	5.749	5.444
	天津	0.194	0.586	13.757	5.889	7.524
	浙江	0.019	0.282	2.962	2.212	4.483
东部均值		0.506	1.854	9.658	5.189	4.458

续表

地区	省份	1984年	1990年	1995年	2000年	2006年
中部	安徽	0.017	0.076	1.999	0.868	1.800
	河南	0.017	0.059	1.323	0.909	1.172
	黑龙江	0.001	0.179	2.130	0.766	0.417
	湖北	0.038	0.184	2.170	1.827	2.564
	湖南	0.029	0.078	1.959	1.521	2.645
	吉林	0.026	0.216	2.999	1.496	0.427
	江西	0.011	0.076	2.050	0.939	4.772
	内蒙古	0.029	0.174	0.576	0.625	2.885
	山西	0.007	0.041	0.512	1.132	0.789
中部均值		0.019	0.120	1.746	1.120	1.941
西部	甘肃	0.004	0.018	0.959	0.525	0.103
	广西	0.061	0.333	3.728	2.119	0.736
	贵州	0.033	0.094	0.751	0.208	0.327
	宁夏	0.151	0.020	0.191	0.543	0.415
	青海	1.118	0.004	0.082	0.645	3.403
	陕西	0.290	0.541	2.690	1.438	1.623
	四川	0.080	0.037	0.700	0.902	1.111
	新疆	0.046	0.102	0.552	0.116	0.270
	云南	0.014	0.030	0.672	0.543	0.599
	重庆	0.058	0.058	3.118	1.273	1.583
西部均值		0.186	0.124	1.344	0.831	1.017

资料来源：《中国统计年鉴》、《新中国五十五年统计资料汇编》以及各省统计年鉴。

4.2 城乡居民收入差距的测度

研究居民收入差距时有关指标主要是从家庭收入得到，与众多研究我国城镇和农村居民收入差距一样，本章对城乡居民收入差距的测度也主要来自于每年统计部门颁布的统计资料，比如各种《中国统计年鉴》、《中国农村统计年鉴》中公布的关于城镇和农村居民公开申报的各种收入的资料。在城乡划分的基础上，根据居民长期定居的区域，可以把居民划分为城镇居民和农村居民两种类型，而不考虑其所从事的职业，凡户籍在市和镇的居民为城镇居民，否则为农村居民①。

4.2.1 城乡收入比

城乡收入比是最直接反映城乡收入差距的指标，表明城镇居民人均收入与农村居民人均纯收入之间的倍数关系，其具体计算公式为：

$$城乡收入比率 = \frac{城镇居民家庭人均可支配收入}{农村居民家庭人均纯收入}$$

表4－5是1978～2006年的全国整体城乡收入比，图4－3是对其变化趋势的描述，可以看出，我国城乡收入比从1978～1983年间呈现下降趋势，而之后城乡收入比便呈现波浪型的上升趋势，并在2006年达到最大值3.278%，因此，总的来说，改革开放以后，我国城乡收入比还是逐渐递增，意味着城乡人均收入水平的差距在不断扩大。

表4－5　　城乡收入比：1978～2006年　　单位：%

年份	城乡收入比	年份	城乡收入比	年份	城乡收入比
1978	2.570	1988	2.166	1998	2.509
1979	2.528	1989	2.284	1999	2.649
1980	2.497	1990	2.200	2000	2.787
1981	2.240	1991	2.400	2001	2.899
1982	1.982	1992	2.585	2002	3.111
1983	1.822	1993	2.797	2003	3.231
1984	1.835	1994	2.863	2004	3.209
1985	1.859	1995	2.715	2005	3.224
1986	2.126	1996	2.512	2006	3.278
1987	2.166	1997	2.469		

资料来源：《中国统计年鉴》、《中国农村统计年鉴》、《新中国五十五年统计资料汇编》。

① 新中国成立初期，各部门对城乡的划分标准很不统一。1955年11月7日，在参照其他国家的经济并考虑我国实际情况的基础上，国务院通过了《我国城乡划分标准化的规定》，这是我国政府批准通过的第一个关于城乡划分的标准。此后，根据我国经济发展状况和实际国情，我国政府分别在1963年和1984年对城乡划分标准进行了调整，1955年、1966年和1993年，我国又多次调整了设市标准。这些调整使城乡划分标准更加科学化和合理化。

表4-6是所有省份和直辖市在关键年份的城乡收入比，从均值来看，东、中和西部的城乡收入比在改革开放后期都存在明显上升。从2006年的具体数值来看，我国东部地区的城乡收入比要低于中部，而中部要低于西部，表明我国城乡居民收入差距自东向西呈递增趋势。在2006年，城乡收入比最高的省份是贵州，达到4.594，而城乡收入比最低的是上海，其值为2.262，前者是后者2倍多。

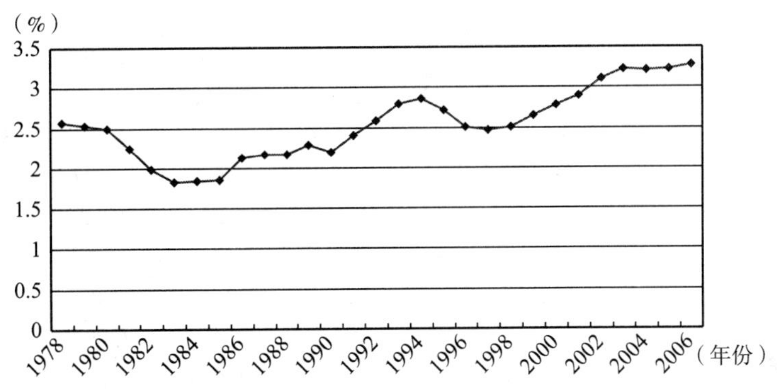

图4-3　城乡收入比：1978~2006年

资料来源：《中国统计年鉴》、《新中国五十五年统计资料汇编》。

表4-6　　**省际城乡收入比**　　单位：%

地区	省份	1978年	1985年	1990年	1995年	2000年	2006年
东部	北京	1.622	1.172	1.378	1.829	2.208	2.414
	福建	2.688	1.851	2.289	2.368	2.301	2.845
	广东	2.133	1.926	2.208	2.756	2.671	3.153
	海南	2.099	1.916	2.121	2.548	2.402	2.886
	河北	2.421	1.639	2.246	2.201	2.284	2.710
	江苏	1.858	1.554	1.656	1.886	1.892	2.423
	辽宁	1.962	1.449	1.855	2.101	2.274	2.535
	山东	3.400	1.833	2.156	2.486	2.441	2.791
	上海	1.445	1.334	1.311	1.689	2.106	2.262
	天津	2.538	1.552	1.533	1.948	1.863	2.293
	浙江	2.012	1.647	1.758	2.097	2.181	2.490
东部均值		2.198	1.625	1.865	2.174	2.238	2.618
中部	安徽	2.539	1.718	2.514	2.900	2.736	3.291
	河南	2.771	1.705	2.188	2.678	2.400	3.008

续表

地区	省份	1978年	1985年	1990年	1995年	2000年	2006年
中部	黑龙江	2.214	1.864	1.600	1.911	2.287	2.585
	湖北	2.941	1.672	2.128	2.658	2.435	2.867
	湖南	2.266	1.927	2.396	3.298	2.831	3.099
	吉林	1.130	1.469	1.530	1.972	2.378	2.685
	江西	2.163	1.546	1.773	2.197	2.391	2.761
	内蒙古	2.298	1.665	1.785	2.189	2.517	3.099
	山西	2.963	1.661	2.139	2.736	2.479	3.152
中部均值		2.365	1.692	2.006	2.504	2.495	2.950
西部	甘肃	4.040	2.494	2.777	3.583	3.440	4.180
	广西	2.095	2.254	2.266	3.314	3.128	3.573
	贵州	2.388	2.257	3.215	3.618	3.727	4.594
	宁夏	2.986	2.255	2.391	3.262	2.849	3.325
	青海	1.621	2.184	1.998	3.282	3.470	3.816
	陕西	2.331	2.203	2.583	3.437	3.486	4.100
	四川	2.661	2.206	2.670	3.457	3.096	3.114
	西藏	3.229	1.839	2.771	4.556	4.844	3.672
	新疆	2.681	1.865	1.921	3.661	3.489	3.241
	云南	2.509	2.309	2.804	4.021	4.277	4.475
	重庆	2.429	2.498	2.881	3.445	3.264	4.026
西部均值		2.634	2.215	2.571	3.603	3.552	3.829

资料来源：《中国统计年鉴》、《中国农村统计年鉴》、《新中国五十五年统计资料汇编》。

4.2.2 结构相对数

结构相对数是说明总体的各个组成部分在总体中所占比重的一种相对系数，可以从人均收入角度考察城乡居民收入的结构相对数，用它来表示城乡居民的收入差距，在本书中选取农村居民收入的相对系数，其具体计算如下：

$$结构相对数 = \frac{农村居民家庭人均纯收入}{城镇居民家庭人均可支配收入} \times 100\%$$

显然，结构相对数越小表明城乡居民收入差距越大。表4-7和图4-4刻画的是全国水平的农村居民结构相对数。从中可以看出，我国结构相对数自1978年之后，有个先上升后下降的过程，在2006年达到最低值

23.374%，表明城乡收入差距最大。表4－8描述的是所有省份关键年份的农村居民收入结构数，可以看出在每个关键年份，东部地区的农村居民收入结构数要大于中部，中部要大于西部，表明收入差距自东向西逐渐扩大。在2006年，收入结构相对数最大的是上海（30.66），最小的是贵州（17.877）。

表4－7 结构相对数：1978～2006年

年度	结构相对数（%）	年度	结构相对数（%）	年度	结构相对数（%）
1978	28.008	1988	31.587	1998	28.496
1979	28.344	1989	30.450	1999	27.408
1980	28.599	1990	31.245	2000	26.407
1981	30.865	1991	29.412	2001	25.649
1982	33.536	1992	27.894	2002	24.322
1983	35.430	1993	26.339	2003	23.635
1984	35.269	1994	25.884	2004	23.761
1985	34.978	1995	26.920	2005	23.676
1986	31.992	1996	28.472	2006	23.374
1987	31.583	1997	28.827		

资料来源：《中国统计年鉴》、《中国农村统计年鉴》、《新中国五十五年统计资料汇编》。

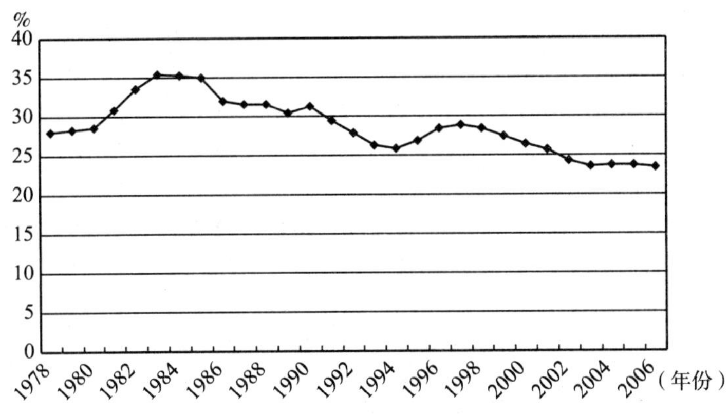

图4－4 结构相对数：1978～2006年

资料来源：《中国统计年鉴》、《中国农村统计年鉴》、《新中国五十五年统计资料汇编》。

表4-8 **结构相对数** 单位：%

地区	省份	1978年	1985年	1990年	1995年	2000年	2006年
东部	北京	38.136	46.049	42.056	35.346	31.170	29.291
	福建	27.112	35.075	30.402	29.687	30.295	26.010
	广东	31.922	34.173	31.171	26.625	27.240	24.080
	海南	32.263	34.291	32.043	28.184	29.398	25.734
	河北	29.231	37.894	30.807	31.237	30.455	26.951
	江苏	34.989	39.158	37.649	34.650	34.584	29.216
	辽宁	33.759	40.840	35.023	32.250	30.542	28.288
	山东	22.727	35.294	31.687	28.684	29.063	26.378
	上海	40.902	42.850	43.280	37.187	32.199	30.660
	天津	28.264	39.180	39.477	33.925	34.931	30.364
	浙江	33.199	37.784	36.259	32.285	31.434	28.652
东部均值		32.046	38.417	35.441	31.824	31.028	27.784
中部	安徽	28.260	36.790	28.458	25.640	26.767	23.305
	河南	26.515	36.966	31.369	27.190	29.414	24.948
	黑龙江	31.116	34.912	38.465	34.351	30.421	27.896
	湖北	25.373	37.427	31.973	27.338	29.112	25.861
	湖南	30.621	34.170	29.446	23.269	26.105	24.396
	吉林	46.943	40.509	39.528	33.647	29.606	27.140
	江西	31.614	39.271	36.060	31.278	29.493	26.590
	内蒙古	30.324	37.523	35.905	31.358	28.435	24.394
	山西	25.236	37.573	31.857	26.766	28.743	24.082
中部均值		30.667	37.238	33.674	28.982	28.677	25.401
西部	甘肃	19.843	28.619	26.474	21.820	22.522	19.305
	广西	32.306	30.730	30.618	23.181	24.224	21.868
	贵州	29.517	30.701	23.724	21.656	21.153	17.877
	宁夏	25.087	30.722	29.486	23.463	25.981	23.122
	青海	38.149	31.410	33.353	23.356	22.372	20.763
	陕西	30.023	31.217	27.909	22.537	22.293	19.606
	四川	27.312	31.188	27.246	22.438	24.417	24.306
	西藏	23.649	35.221	26.515	17.999	17.110	21.405
	新疆	27.169	34.898	34.234	21.453	22.277	23.580
	云南	28.497	30.216	26.287	19.917	18.949	18.266
	重庆	29.167	28.584	25.768	22.498	23.451	19.897
西方均值		28.247	31.228	28.329	21.847	22.250	20.909

资料来源：《中国统计年鉴》、《中国农村统计年鉴》、《新中国五十五年统计资料汇编》。

4.2.3 基尼系数

基尼系数是20世纪意大利经济学家基尼（C. Gini）根据洛伦茨曲线提出的判断收入分配平等程度的指标，基尼系数越大表明收入不平等程度越高。基尼系数有众多计算方法，包括曲线回归法、等分法、差值法等等，基于无法获取各省份地区微观的居民收入数据，本书仅使用差值法来计算居民收入的基尼系数。差值法计算只需简单地用低收入组的人口比重减去收入比重（或高收入组的收入比重减去人口比重）即可得到（陈宗胜，1991）。本书的计算公式如下：

基尼系数 = 农村居民的人口比重 - 农村居民的收入比重

= 城镇居民的收入比重 - 城镇居民的人口比重

表4-9和图4-5是全国水平的1978~2006年的基尼系数，从中可以看出我国城乡居民收入的基尼系数也呈现先下降后波浪上升的趋势，在2006年达到最大值（0.281）。表4-10报告的是省际关键年份基尼系数，从中可以看出东部地区的基尼系数要始终低于中部地区，中部地区始终低于西部地区。在2006年，上海的基尼系数最小（0.060），而贵州的基尼系数最大（0.360）。

表4-9　　基尼系数：1978~2006年

年份	基尼系数	年份	基尼系数	年份	基尼系数
1978	0.180	1988	0.172	1998	0.223
1979	0.182	1989	0.186	1999	0.238
1980	0.181	1990	0.177	2000	0.251
1981	0.160	1991	0.200	2001	0.260
1982	0.136	1992	0.220	2002	0.275
1983	0.118	1993	0.241	2003	0.282
1984	0.124	1994	0.248	2004	0.279
1985	0.129	1995	0.236	2005	0.279
1986	0.163	1996	0.219	2006	0.281
1987	0.170	1997	0.217		

资料来源：《中国统计年鉴》、《中国农村统计年鉴》、《新中国五十五年统计资料汇编》。

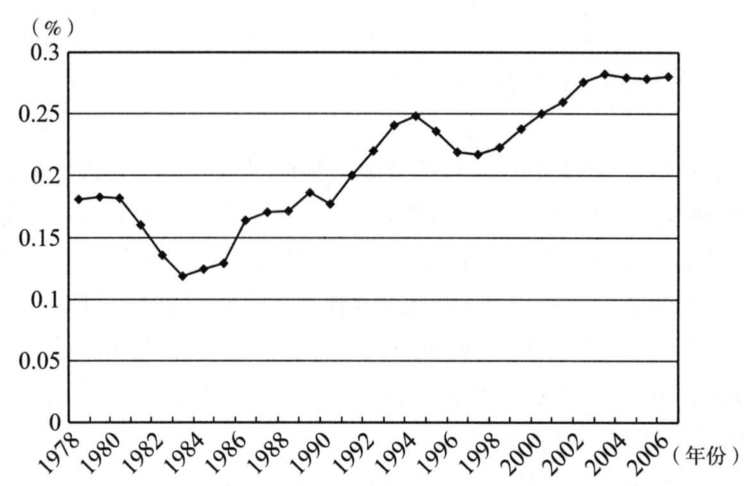

图 4－5　基尼系数：1978～2006 年

资料来源：《中国统计年鉴》、《中国农村统计年鉴》、《新中国五十五年统计资料汇编》。

表 4－10　　省际基尼系数

地区	省份	1978 年	1985 年	1990 年	1995 年	2000 年	2006 年
东部	北京	0.115	0.037	0.072	0.122	0.109	0.085
	福建	0.162	0.103	0.147	0.165	0.168	0.244
	广东	0.079	0.089	0.113	0.165	0.167	0.213
	海南	0.076	0.086	0.124	0.170	0.167	0.251
	河北	0.120	0.069	0.130	0.141	0.161	0.244
	江苏	0.091	0.093	0.097	0.142	0.158	0.204
	辽宁	0.167	0.092	0.149	0.175	0.186	0.195
	山东	0.060	0.055	0.091	0.132	0.138	0.244
	上海	0.088	0.065	0.056	0.012	0.006	0.060
	天津	0.218	0.105	0.101	0.151	0.139	0.120
	浙江	0.092	0.078	0.093	0.137	0.161	0.199
东部均值		0.115	0.079	0.107	0.137	0.142	0.187
中部	安徽	0.142	0.086	0.175	0.215	0.235	0.289
	河南	0.168	0.081	0.131	0.185	0.188	0.267
	黑龙江	0.195	0.154	0.116	0.152	0.193	0.213
	湖北	0.194	0.102	0.174	0.235	0.219	0.253
	湖南	0.112	0.110	0.162	0.271	0.248	0.275
	吉林	0.027	0.093	0.104	0.168	0.212	0.222
	江西	0.136	0.078	0.108	0.169	0.201	0.248

续表

地区	省份	1978年	1985年	1990年	1995年	2000年	2006年
中部	内蒙古	0.172	0.127	0.141	0.193	0.226	0.259
	山西	0.221	0.104	0.176	0.240	0.222	0.274
中部均值		0.152	0.104	0.143	0.203	0.216	0.256
西部	甘肃	0.260	0.224	0.219	0.288	0.281	0.343
	广西	0.093	0.200	0.199	0.201	0.149	0.308
	贵州	0.126	0.191	0.283	0.201	0.301	0.360
	宁夏	0.211	0.161	0.190	0.277	0.253	0.285
	青海	0.084	0.189	0.167	0.288	0.301	0.319
	陕西	0.139	0.146	0.185	0.265	0.279	0.334
	四川	0.066	0.070	0.082	0.110	0.117	0.276
	西藏	0.178	0.071	0.205	0.313	0.375	0.309
	新疆	0.225	0.155	0.161	0.287	0.302	0.285
	云南	0.136	0.189	0.251	0.315	0.332	0.358
	重庆	0.133	0.166	0.200	0.255	0.256	0.327
西部均值		0.150	0.160	0.195	0.254	0.268	0.318

资料来源：《中国统计年鉴》、《中国农村统计年鉴》、《新中国五十五年统计资料汇编》。

4.2.4　泰尔指数

作为衡量个人之间或者地区间收入差距（或者称不平等度）的指标，泰尔指数经常被使用（王少平等，2008）。其具体的计算公式为：

$$\text{Tail}_t = \sum_{i=1}^{2} \frac{I_{it}}{I_t} \ln\left(\frac{\frac{I_{it}}{I_t}}{\frac{P_{it}}{P_t}}\right)$$

其中 $i=1$，2 分别表示城镇和农村地区，I_{it} 表示 t 时期城镇或农村的总收入（用相应人口和人均收入之积表示），I_t 表示 t 时期的总收入，P_{it} 表示 t 时期城镇或农村的人口数，P_t 表示 t 时期的总人口数。

表4－11是对全国水平的泰尔指数的计算，图4－6刻画了泰尔指数的变化趋势，可以看出在泰尔指数也呈现了先降低后波浪上升的趋势，在2006年达到了0.161，我国城乡居民收入差距总体来看呈现不断扩大的趋势。

表 4－11　　泰尔指数：1978～2006 年

年度	泰尔指数	年度	泰尔指数	年度	泰尔指数
1978	0.091	1988	0.069	1998	0.104
1979	0.090	1989	0.080	1999	0.117
1980	0.089	1990	0.073	2000	0.129
1981	0.068	1991	0.091	2001	0.138
1982	0.049	1992	0.108	2002	0.155
1983	0.037	1993	0.128	2003	0.162
1984	0.039	1994	0.135	2004	0.159
1985	0.042	1995	0.121	2005	0.158
1986	0.064	1996	0.104	2006	0.161
1987	0.069	1997	0.100		

资料来源：《中国统计年鉴》、《中国农村统计年鉴》、《新中国五十五年统计资料汇编》。

表 4－12 是对省际泰尔指数的计算，从具体计算结果来看，我国东部地区的泰尔指数总是低于中部地区，而中部地区总是低于西部地区。在 2006 年，东部地区均值是 0.088，中部地区是 0.136，而西部地区是 0.215，可以看出东、中和西部地区的泰尔指数差距还是比较大的。

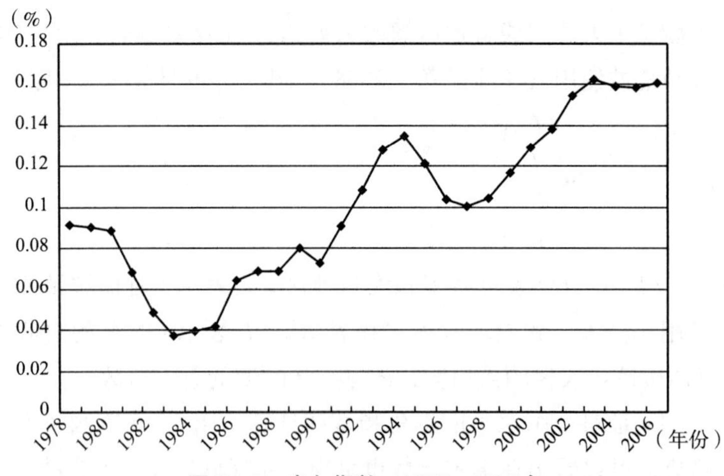

图 4－6　泰尔指数：1978～2006 年

资料来源：《中国统计年鉴》、《中国农村统计年鉴》、《新中国五十五年统计资料汇编》。

表4－12　　　　　　　　　　省际泰尔指数

地区	省份	1978年	1985年	1990年	1995年	2000年	2006年
东部	北京	0.027	0.003	0.011	0.035	0.039	0.033
	福建	0.088	0.033	0.066	0.076	0.074	0.123
	广东	0.027	0.027	0.041	0.076	0.075	0.111
	海南	0.031	0.030	0.073	0.126	0.123	0.129
	河北	0.058	0.018	0.057	0.060	0.071	0.121
	江苏	0.030	0.021	0.025	0.046	0.050	0.087
	辽宁	0.056	0.017	0.045	0.063	0.073	0.085
	山东	0.030	0.016	0.032	0.054	0.056	0.121
	上海	0.016	0.009	0.007	0.003	0.002	0.022
	天津	0.098	0.023	0.021	0.049	0.042	0.045
	浙江	0.035	0.020	0.028	0.054	0.066	0.086
东部均值		0.045	0.020	0.037	0.058	0.061	0.088
中部	安徽	0.072	0.025	0.087	0.123	0.123	0.171
	河南	0.094	0.023	0.055	0.098	0.087	0.149
	黑龙江	0.078	0.048	0.027	0.048	0.077	0.097
	湖北	0.115	0.027	0.068	0.117	0.097	0.130
	湖南	0.050	0.038	0.076	0.170	0.133	0.154
	吉林	0.002	0.018	0.022	0.057	0.091	0.104
	江西	0.056	0.018	0.032	0.070	0.091	0.126
	内蒙古	0.076	0.032	0.041	0.076	0.103	0.140
	山西	0.129	0.027	0.069	0.124	0.102	0.153
中部均值		0.075	0.028	0.053	0.098	0.100	0.136
西部	甘肃	0.202	0.103	0.119	0.194	0.182	0.247
	广西	0.037	0.082	0.080	0.118	0.080	0.196
	贵州	0.060	0.080	0.167	0.113	0.208	0.281
	宁夏	0.125	0.069	0.087	0.170	0.135	0.166
	青海	0.021	0.075	0.059	0.172	0.188	0.208
	陕西	0.064	0.061	0.094	0.175	0.184	0.229
	四川	0.028	0.025	0.035	0.057	0.057	0.158
	西藏	0.117	0.023	0.080	0.257	0.295	0.207
	新疆	0.116	0.048	0.052	0.175	0.190	0.166
	云南	0.069	0.082	0.128	0.207	0.254	0.270
	重庆	0.064	0.082	0.115	0.170	0.162	0.236
西部均值		0.082	0.066	0.092	0.164	0.176	0.215

资料来源：《中国统计年鉴》、《中国农村统计年鉴》、《新中国五十五年统计资料汇编》。

4.3 本章小结

要研究开放与居民收入差距的关系，首先就必须要利用科学的方法对经济的开放度和居民收入差距程度给予测定。对经济开放程度的测定，笔者依据已有研究传统，选择对外贸易依存度和外国直接投资依存度两个指标。从具体的结果来看，外贸依存度和外国直接投资依存度在改革开放之后都有明显的提升，其中贸易开放度在近 30 年的时间增长了 5 倍之余，而外资开放度在 1994 年达到最大值后开始呈现逐年递减的趋势。

从地域来看，我国无论东部地区、还是中部和西部地区，在 1978 年之后贸易开放度都呈现出极大地提高，东部地区和中部地区的贸易开放度都增加了 10 倍之多，而西部地区也增加了 5 倍之多，而且东部地区的贸易开放程度始终远高于中部和西部地区，而中部和西部地区的开放程度相差不大。对于外资开放度，东部地区的外资开放程度要远大于中部地区和西部地区。不过，相对于较高的贸易开放度，西部地区新疆和甘肃的外资开放程度反而较低，这表明这两个地区吸引外资的地理优势要低于对外贸易的地理优势。

对于城乡居民收入差距的度量，本书分别选取了四个常用的指标：城乡收入比、收入结构数、基尼系数和泰尔指数。通过这四个指标的计算，可得到类似结果：我国城乡收入差距在 1978 年之后经历了短暂的下降之后便开始高位震荡上升，而从具体地域来看，我国东部地区城乡收入差距要低于中部，中部要低于西部地区。

第5章 实证研究：对外贸易、FDI与城乡居民收入增长

中国的经济改革和开放对社会经济发展和变化产生了前所未有的影响，一方面是社会经济体制改革的不断推进和对外开放程度的不断提高，另一方面是居民收入的递增和生活水平的不断改善。作为开放的两种主要形式，对外贸易和外国直接投资在整个改革开放过程中扮演着重要角色，为促进经济增长、加快产业升级、扩大就业、增加税收都做出了重要贡献，是我国经济保持持续高速增长的重要“引擎”之一。本章要探索的就是在城乡居民收入不断递增的过程中，开放的两大重要形式——对外贸易和外国直接投资，分别扮演了怎样的角色。基于中国典型的城乡二元经济，本章有必要将我国城镇居民收入和农村居民收入分别研究。

本章划分为以下几个部分：第1部分是对改革开放以来，全国和省际城乡居民收入增长的描述性分析；第2部分是对本章计量分析的方法选择、变量和数据的描述；第3部分是本章计量分析结果与分析；第四部分对于本章主要结论的总结。

5.1 城乡居民实际收入增长

通过查阅《中国统计年鉴》，可以得到全国水平的城镇与农村居民的名义收入水平，并分别按照城镇和农村居民消费物价指数给予平减，得到的是城乡居民的实际收入水平。表5-1报告的就是全国1978~2006年城乡居民的实际收入水平，1978年农村居民的实际收入水平是133.60元，城镇居民的实际收入水平是343.0元，到2006年，农村居民的实际收入水平是798.00元，而城镇居民的实际收入水平是2083.84元，在这28年

期间，农村居民实际收入水平增长了约 4.97 倍，而城镇居民的实际收入水平增长了约为 5.7 倍。

表 5－1　　全国水平城乡居民实际收入：1978～2006 年　　单位：元

年度	农村	城镇	年度	农村	城镇	年度	农村	城镇
1978	133.60	343.40	1988	318.82	625.65	1998	524.83	1131.62
1979	157.21	397.45	1989	295.00	626.25	1999	544.72	1237.16
1980	174.64	436.00	1990	322.10	679.54	2000	555.90	1316.66
1981	198.96	445.67	1991	325.09	728.09	2001	579.14	1428.18
1982	235.84	467.40	1992	343.53	798.95	2002	608.30	1619.94
1983	265.20	483.32	1993	355.17	875.19	2003	634.18	1765.85
1984	296.15	543.55	1994	381.32	949.74	2004	677.64	1901.00
1985	308.00	550.55	1995	419.34	996.13	2005	734.98	2083.84
1986	309.43	627.17	1996	474.46	1034.39	2006	798.00	2300.83
1987	318.04	641.20	1997	502.30	1069.92			

资料来源：《中国统计年鉴》、《中国农村统计年鉴》、《新中国五十五年统计资料汇编》。

图 5－1 是对 1978 年以来，我国城乡居民实际收入变化趋势的刻画，从图中可以看出，我国城镇居民的实际收入增长速度要明显快于农村居民

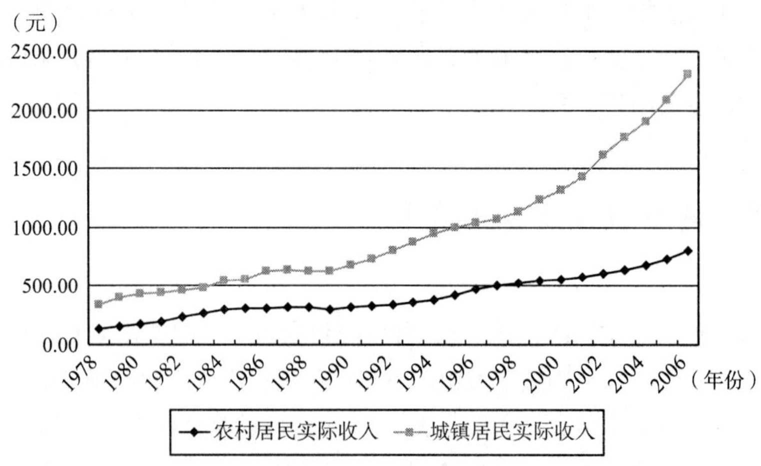

图 5－1　城乡居民收入变化趋势：1978～2006

资料来源：《中国统计年鉴》、《中国农村统计年鉴》、《新中国五十五年统计资料汇编》。

收入，而且它们之间的差距表现出明显的逐渐增大的趋势。农村居民收入增长缓慢成为各级政府必须要突破的难题，自2004~2008年以来的连续五个中央关于“三农”工作的“一号文件”也凸显了中央对于农村问题的高度重视，而在这之前的20世纪80年代，中央也已公布了五个“一号文件”，分别是从1982~1986年。

表5-2是省际城乡居民收入增加情况，因为篇幅所限，本表只报告了1984年和2006年两年的数据，因为数据缺失，本表并没有包含西藏，而且考虑到下文面板数据中外国直接投资的起始年份是1984年，本表选择1984年为起始年份。参照全国人大六届四次会议通过的“七五”计划中的中国地域划分，将全部省份划分为东、中、西三个部分。

表5-2　　省际城乡居民实际收入及其增长率　　单位：元、%

地区	省份	农村居民实际收入			城镇居民实际收入		
		1984年	2006年	增长率	1984年	2006年	增长率
东部	北京	580.95	1266.13	117.94	607.20	3056.53	403.38
	福建	297.64	1149.98	286.36	474.17	2444.56	415.55
	广东	329.90	996.91	202.18	625.40	2738.15	337.83
	海南	270.85	596.76	120.33	564.02	1715.71	204.19
	河北	291.81	985.13	237.59	434.73	2189.46	403.63
	江苏	402.50	1322.84	228.66	542.99	2693.37	396.03
	辽宁	418.32	1038.77	148.32	549.69	2088.64	279.97
	山东	344.28	1031.22	199.53	592.75	2697.86	355.15
	上海	705.38	1589.74	125.37	749.41	3595.35	379.75
	天津	455.84	1296.14	184.34	658.60	2972.56	351.35
	浙江	367.33	1495.07	307.01	542.48	3018.36	456.40
东部平均		405.89	1160.79	196.15	576.49	2655.51	362.11
中部	安徽	280.83	651.79	132.10	485.54	1993.29	310.53
	河南	280.33	931.43	232.26	400.68	2243.49	459.92
	黑龙江	353.44	798.91	126.04	545.00	1765.26	223.90
	湖北	337.00	717.05	112.78	530.50	1921.10	262.13
	湖南	269.20	549.93	104.28	496.53	1666.15	235.56
	吉林	423.86	916.38	116.20	399.94	1935.59	383.97
	江西	280.14	784.31	179.97	384.17	1848.22	381.09
	内蒙古	315.08	750.66	138.25	459.59	2173.47	372.91
	山西	297.98	684.62	129.75	439.94	1936.36	340.14

续表

地区	省份	农村居民实际收入			城镇居民实际收入		
		1984 年	2006 年	增长率	1984 年	2006 年	增长率
中部平均		315.32	753.90	141.29	460.21	1942.55	330.02
西部	甘肃	205.36	465.23	126.54	501.87	1872.52	273.11
	广西	231.13	585.34	153.26	453.02	1722.01	280.12
	贵州	228.62	411.46	79.98	454.09	1712.09	277.04
	宁夏	250.78	592.18	136.14	519.15	1757.29	238.50
	青海	262.93	548.49	108.61	519.07	1600.79	208.39
	陕西	223.62	450.42	101.42	469.89	1817.80	286.86
	四川	228.63	585.93	156.28	462.84	1554.64	235.89
	新疆	327.48	606.61	85.24	565.85	1752.99	209.79
	云南	279.81	456.89	63.29	527.54	2046.50	287.93
	重庆	247.75	560.84	126.37	582.33	2257.90	287.73
西部平均		248.61	526.34	113.71	505.57	1809.45	258.54

资料来源：《中国统计年鉴》、《中国农村统计年鉴》、《新中国五十五年统计资料汇编》。

可以看出，在 1984 年，我国东部地区农村居民平均收入 405.89 元要高于中部地区 315.32 元，中部地区要高于西部地区 248.61 元，其中农村居民收入最高的省份是上海市 705.38 元，而最低是甘肃省 205.36 元，前者是后者的 3.44 倍。到 2006 年，东部地区的农村居民人均收入为 1266.13 元，中部地区是 753.90 元，西部地区是 526.34 元，其中农村居民收入最高的还是上海市，为 1589.74 元，最低的是贵州省，为 411.46 元，前者是后者的 3.86 倍，比 1984 年又有所扩大。从农村居民收入增长率来看，东部地区 2006 年比 1984 年增长了 196.15%，中部地区为 141.29%，西部地区为 113.71%，即东部地区农民收入增长要高于中部，中部要高于西部，其中增长比率最高的浙江省，达到 307.01%，最低的是云南省，仅增长了 63.29%。

从表 5－2 中还可以分析城镇居民实际收入在这段时期的变化，1984 年东部地区城镇居民平均收入是 576.49 元，中部地区是 460.21 元，而西部地区是 505.57 元，其中城镇居民收入最高的是上海市，为 749.41 元，最低的是江西省，384.17 元，前者是后者的 1.95 倍，要远低于同期的农村居民收入比值（3.44）；到 2006 年，东部地区城镇居民收入平均为 2655.51 元，中部地区是 1942.55 元，西部地区是 1809.45 元，其中最高的是上海市3595.35元，最低是四川省，为1554.64元，前者是后者的2.31倍，要低于同期的农村居民收入差距（3.86），同1984年的差距（1.95）来比，已有所扩大。

5.2 数据与模型

从前文的分析可以看出，本书既收集了全国水平的时间序列数据，也收集了省际的面板数据。在本书的计量分析过程中，如果可以采集到省际面板数据，则采纳面板数据方法来分析。否则使用时间序列数据进行实证研究。

对于面板数据，可分为三个步骤来检验，第一步，考察变量是否具有单位根；第二步，考察变量之间是否存在协整关系，第三步，是估计变量之间的协整关系。以下的分析将按照这三个步骤展开。

5.2.1 面板数据单位根检验方法选择

对于面板数据的单位根检验，已经发展了诸多方法，本书将采纳主流的5种方法：LLC、Breitung、IPS、FisherADF和FisherPP。

考虑一个简单的面板数据AR（1）回归方程：

$$y_{it}=\rho_i y_{it-1}+X_{it}\delta_i+\varepsilon_{it} \tag{5.1}$$

在这个方程中$i=1, 2, \cdots, N$，是截面的单位数，在本书中是每个省份，它们都会被观察t期，$t=1, 2, \cdots, T_i$。X是外生变量，ρ_i是自回归系数，当$|\rho_i|<1$，y_i被看做是弱平稳的，相反当$|\rho_i|=1$，则y_i含有一个单位根。对ρ_i是否同一性的假定，LLC、Breitung两种方法都假设当ρ_i对于所有的i，满足$\rho_i=\rho$，而IPS、Fisher-ADF和Fisher-PP允许对于不同的i，ρ_i是可变化的。

LLC和Breitung方法都从下面简单的ADF模型展开的：

$$\Delta y_{it}=\alpha y_{it-1}+\sum_{j=1}^{p_i}\beta_{ij}\Delta y_{it-j}+X_{it}'\delta+\varepsilon_{it} \tag{5.2}$$

其中$\alpha=\rho-1$，而且可以允许不同观察有不同的滞后期p_i。原假设是H_0: $\alpha=0$，备择假设H_1: $\alpha<0$，在H_0成立的情况下，满足单位根假设，否则，

就没有单位根。

将 Δy_{it} 和 $y_{i,t-1}$ 分别对 Δy 和 X_{it} 回归，得到正交残差序列

$$\Delta\overline{y}_{it}=\Delta y_{it}-\sum_{j=1}^{p_i}\beta_{ij}\Delta y_{it-j}-X_{it}'\widehat{\delta} \tag{5.3}$$

$$\overline{y}_{it-1}=y_{it-1}-\sum_{j=1}^{p_i}\beta_{ij}\Delta y_{it-j}-X_{it}'\delta \tag{5.4}$$

利用方程（5.2）回归标准差将 $\Delta\overline{y}_{it}$ 和 $\overline{y}_{it-1}$ 分别标准化，两组标准化残差序列合并回归后可得：

$$\Delta\overline{y}_{it}=\overline{\alpha y}_{it-1}+\eta_{it-1} \tag{5.5}$$

Levin, Lin and Chu（2002）证明，在零假设的情况下，下面调整的 t 统计量具有标准正态的渐进分布：

$$t_{\alpha}^{*}=\frac{t_{\alpha}-(N\overline{T})S_N\hat{\sigma}^{-2}se(\hat{\alpha})\mu_{m\overline{T}}^{*}}{\sigma_{m\overline{T}}^{*}}\rightarrow N(0,\ 1) \tag{5.6}$$

其中 t_{α} 是零假设下标准 t 统计量，$\hat{\sigma}^2$ 是残差项 η 的估计方差，$se(\hat{\alpha})$ 是 $\hat{\alpha}$ 的标准差，$\overline{T}=T-\left(\frac{\sum_i p_i}{N}\right)-1$。$S_N$ 是长期标准差和短期标准差之比，$\mu_{m\overline{T}}^{*}$ 和 $\sigma_{m\overline{T}}^{*}$ 是对均值和标准差的调整。

Breitung 方法与 LLC 方法的区别体现在以下两个方面：一方面是

$$\Delta\overline{y}_{it}=\left(\Delta y_{it}-\sum_{j=1}^{p_i}\hat{\beta}_{ij}\Delta y\right)/s_i \tag{5.7}$$

$$\overline{y}_{it-1}=\left(y_{it-1}-\sum_{j=1}^{p_i}\hat{\beta}_{ij}\Delta y_{it-j}\right)/s_i \tag{5.8}$$

另一方面，设：

$$\Delta y_{it}^{*}=\sqrt{\frac{T-t}{(T-t+1)}}\left(\Delta\overline{y}_{it}-\frac{\Delta\overline{y}_{it+1}+\cdots+\Delta\overline{y}_{iT}}{T-t}\right) \tag{5.9}$$

$$y_{it}^{*}=\overline{y}_{it}-\overline{y}_{i1}-\frac{t-1}{T-1}(\overline{y}_{iT}-\overline{y}_{i1}) \tag{5.10}$$

回归式是：$\Delta y_{it}^{*}=\alpha y_{it-1}^{*}+\upsilon_{it}$

Breitung 证明在原假设成立的情况下，α^{*} 满足标准正态渐进分布。

IPS 方法基于 ADF 回归检验式：

$$\Delta y_{it}=\alpha y_{it-1}+\sum_{j=1}^{p_i}\beta_{ij}\Delta y_{it-j}+X_{it}'\delta+\varepsilon_{it} \tag{5.11}$$

原假设为：$H_0: \alpha_i = 0$ 对所有的 i，备择假设为：

$$H_1: \begin{cases} \alpha_i = 0 \\ \alpha_i < 0 \end{cases} for \frac{i = 1, 2, \cdots, N_1}{i = N+1, N+2, \cdots, N}$$

$$\bar{t}_{NT} = \left(\sum_{i=1}^{N} t_{iT_i}(p_i) \right) / N \tag{5.12}$$

在滞后期为0的情况下，上式满足渐进分布，而在滞后期不等于0的情况下，IPS给出了一个可供选择的统计量：

$$W_{\bar{t}NT} = \frac{\sqrt{N}\left(\bar{t}_{NT} - N^{-1} \sum_{i=1}^{N} E(\bar{t}_{iT}(p_i)) \right)}{\sqrt{N^{-1} \sum_{i=1}^{N} Var(\bar{t}_{iT}(p_i))}} \rightarrow N(0,\ 1) \tag{5.13}$$

$E(\bar{t}_{iT}(p_i))$ 和 $Var(\bar{t}_{iT}(p_i))$ 是ADF回归t统计量的期望和方差。

Fisher-ADF和Fish-PP都是利用Fisher's（1932）的结果将单个单位根检验的 p 值综合考虑，如果定义 π_i 是每个截面 i 的单位根检验 p 值，那么在所有截面的原假设下，可以得到：

$$-2 \sum_{i=1}^{N} \log(\pi_i) \rightarrow \chi_{2N}^2 \tag{5.14}$$

$$Z = \frac{1}{\sqrt{N}} \sum_{i=1}^{N} \Phi^{-1}(\pi_i) \rightarrow N(0,\ 1) \tag{5.15}$$

其中，Φ^{-1} 是标准正态分布函数的反函数。渐进 χ^2 分布和标准正态分布可以使用ADF或者PP单个单位根检验得到。

5.2.2 面板数据协整关系检验方法选择

一个随机游走对另一个回归往往会产生显著的关系，不过这很有可能是伪回归。如果两个变量差分后是稳定的，那么其可能是协整的。对于面板数据协整检验有多种方法，本书分别选择Pedroni和Kao方法加以检验。

Pedroni方法基于的回归方程是：

$$y_{it} = \alpha_i + \delta_i t + \beta_{1i} x_{1i} + \beta_{2i} x_{2i} + \cdots + \beta_{Mi} x_{Mi,t} + e_{i,t} \tag{5.16}$$

其中 $t = 1, \cdots, T$；$i = 1, \cdots, N$；$m = 1, \cdots, M$，变量 y 和 x 都是一阶单整。在不存在协整关系的前提下，残差序列 $e_{i,t}$ 也是一阶单整，做如下辅助回归：

$$e_{it} = \rho_i e_{it-1} + u_{it} \tag{5.17}$$

或者

$$e_{it}=\rho_i e_{it-1}+\sum_{j=1}^{p_i}\psi_{ij}\Delta e_{it-j}+v_{it} \tag{5.18}$$

Pedroni推荐了多种方法构造统计量来检验没有协整关系的原假设，即$\rho_i=1$。存在两个假设，一种是同质性假设（联合组内尺度描述），即对于所有i，存在$(\rho_i=\rho)<1$；另一种是异质性假设（组间尺度描述），对于所有i，$\rho_i<1$。从（5.17）和（5.18）两个式子可以得到Pedroni面板协整统计量$\varphi_{N,T}$，对应不同N和T，可以得到11种不同形式的统计量，Pedroni证明下式服从渐进正态分布：

$$\frac{\varphi_{N,T}-\mu\sqrt{N}}{\sqrt{v}}\rightarrow N(0,\ 1) \tag{5.19}$$

μ和v是蒙特·卡洛（Monte Carlo）产生的调整因子。

Kao（1999）提出对同质性面板数据的检验方法，讨论的模型形式为：$y_{it}=X'_{it}\beta+Z'_{it}\gamma+e_{it}$，$e_{it}:I(1)$。在假设$Z_{it}=\{\mu_{it}\}$的条件下，此时LSDV模型为：$y_{it}=\alpha_i+X_{it}\beta+e_{it}$，其中$i=1,\ 2,\ \cdots,\ N$，$t=1,\ 2,\ \cdots,\ T$

DF检验基于回归方程$\hat{e}_{it}=\hat{\rho}e_{it-1}+v_{it}$，$\hat{e}_{it}$是LSDV模型中$e_{it}$的估计量，原假设$H_0:\rho=1$，即不存在协整关系。检验统计量为：

$$DF_p=\frac{\sqrt{N}T(\hat{\rho}-1)+3\sqrt{N}}{\sqrt{10.2}}\rightarrow N(0,\ 1) \tag{5.20}$$

$$DF_t=\sqrt{1.25t_p}+\sqrt{1.875N}\rightarrow N(0,\ 1) \tag{5.21}$$

其中$\hat{\rho}=\dfrac{\sum_{i=1}^{N}\sum_{t=2}^{T}\hat{e}_{it}\hat{e}_{it-1}}{\sum_{i=1}^{N}\sum_{t=2}^{T}\hat{e}_{it-1}}$，$t_\rho=(\hat{\rho}-1)\sqrt{\sum_{i=1}^{N}\sum_{t=2}^{T}\hat{e}_{it-1}^2}/S_e$，$S_e^2=\dfrac{1}{NT}\sum_{i=1}^{N}\sum_{t=1}^{T}$ $(\hat{e}_{it}-\hat{\rho}\hat{e}_{it-1})^2$

5.2.3 协整关系估计方法

对于具有协整关系的面板数据，Pedroni（2000）提出估计异质性面板协整方程的完全修正估计（FMOLS）。高和蒋（Kao and Chiang，2000）提出了面板动态最小二乘法估计（DOLS），并比较了OLS、FMOLS和DOLS三种估计量的有限样本特征。他们的分析发现，利用面板数据的

OLS估计量具有不一致性，FMOLS和DOLS在估计协整方程时是更好的选择，FMOLS和DOLS估计量均为渐进正态分布。但在有限样本下，OLS估计量存在着不可忽略的偏差；FMOLS估计量并不能显著改善OLS估计量，它在有限样本下会造成显著的偏差，对于异质性面板数据，其偏差甚至超过OLS估计量；DOLS是比OLS或FMOLS偏差更小的面板协整估计量，因而是相对较好的估计方法（赵西亮，2008）。

DOLS方法的单方程具有如下形式：

$$y_i = \alpha + \beta x_i + \sum_{i=-k}^{k} b_{x,i} \Delta x_{t-i} + \varepsilon_i \tag{5.22}$$

动态最小二乘法的优点有两个：第一，在利用不同的超前（lead）和滞后（lag）值进行估计时，如果协整关系确实成立，参数值应当是一致的，可有效减少伪回归的概率。第二，DOLS考虑了所有因素的现值、过去、现在和将来的所有变化，通过添加右侧变量一阶差分的超前和滞后值到y对x的OLS回归中，消除了回归元本身的内生性对最小二乘法估计量分布的影响，x_i严格外生的假定得到满足或者近似满足（阎东鹏、王清容，2005）。

为了增强本书结论的稳健性，笔者还利用动态面板数据模型对城乡居民收入与外贸开放、投资开放的关系进行估计，与DOLS不同的是，该方法的特征是在回归控制变量中加入因变量的滞后项，以控制城乡居民收入的累积效应。考虑下列一个动态面板数据模型：

$$y_{it} = \beta_1 y_{it-1} + X'_{it}\beta_2 + \alpha_i + \varepsilon_{it} \tag{5.23}$$

其中，y_{it}表示省份i第t年的农村或者城镇居民实际收入水平，y_{it-1}为其一期滞后项。X_{it}是一个包含一组控制变量的向量，其中最重要的是外贸开放度和外资开放度，α_i代表省份的固定效应，用以控制各省不被观察到的、不依时间变化的差异性，ε_{it}是误差项，假定它的期望值为零，无序列相关，但可能会有异方差。该估计的一个基本假定是y_{it-1}和X_{it}必须和ε_{it}的过去、现在和未来值都不相关，在此假定下这些控制变量是严格外生变量。不过，控制变量的严格外生性并没有排除它们与固定效应α_i的相关性。因此，为了消除这种相关性，对于每一个地区i，将（5.23）式差分，可以得到：

$$\Delta y_{it} = \beta_1 \Delta y_{it-1} + \Delta X'_{it}\beta_2 + \Delta \varepsilon_{it} \tag{5.24}$$

在方程（5.24）中，地区固定效应α_i被削去。但必须注意到，当期城乡居民收入还可能会收到其他各期的贸易、投资开放度的影响，这种影响是通过和未来的城乡居民实际收入发生作用的。如果控制了过去和未来城乡居民实际收入水平的这种作用，那么其他各期的外贸、外资开放度就与当期的城乡居民收入不相关了。估计方程（5.24）最主要困难在于城乡居民收入的滞后项（y_{it-1}）与误差项的相关性，即内生性问题。艾拉诺和邦德（Arellano and Bond，1991）采用GMM来解决内生性问题，其中引入的工具变量包括因变量滞后两期及以上项和严格外生的自变量的差分项。GMM估计的一致性要求差分残差的二阶序列相关性为零。

5.2.4 变量及数据描述

中国目前研究收入差距的文章浩如烟海，国内至少有300多篇文章涉及该论题，其中研究手段、研究方法、数据采集、分析思路以及结论论证等均各不相同，在涉及到关于城乡收入差距影响因素的研究中，如何尽量全面地将影响因子做最佳控制是研究时主要关注的问题，比如在王小鲁、樊纲（2005）的研究中，就涵盖了几乎20种影响收入差距的因素，这其中不仅包括一些本书要讨论的主要方面，比如经济增长率、投资率、外资比重、外贸依存度等，还包括一些微观因素，比如户籍、灰色收入、政府干预度、铁路与公路线路分布密度、企业非税负担等。本书在进行计量分析时之所以没有涉及到这些因素，一方面是因为本书主要是进行宏观层面的数据分析，诸多影响收入差距的微观变量最终可能还是会通过影响经济水平对收入差距产生作用。另一方面，由于微观变量数据的难获得性，本书不得不退而求其次尽量使用已公开发表的统计数据。

对于城镇居民收入的研究，除了贸易开放度（tradeopen）和外资开放度（fdiopen）两个指标，笔者在分析中还控制了生产技术水平和资本投资存量两个重要指标。将生产技术水平划分为两类，一类是农业生产技术水平（agrtec），用每单位耕地上农业机械总动力来度量，具体以每个省农业机械动力总和（万千瓦）除以这个省的农作物播种总面积（千公顷）；另一类是用来度量城镇工业生产的技术水平（indtec），用每个省的工业总产值（万元）除以该省工业从业人员（人）。资本投入（capital）采用人均全社会固定资产投资来度量，按照通常的做法，笔者将1984年起始资本存量K_0定义为当年固定资产投资的10倍，然后按照$K_{t+1}=(1-$

$\delta)K_t+I_{t+1}$的公式迭代求解，选取固定资产折旧率$\delta=10\%$。本书所涉及到的工业总产值和全社会固定资本投资都根据物价指数做了实际调整，而且为了计算弹性和减小误差，本书对城镇居民实际收入（urban）、农村居民实际收入（rural）、农业生产技术水平（agrtec）、工业生产技术水平（indtec）和资本投入（capital）都取自然对数，分别表示为Lnurban，Lnrural，Lnagrtec，Lnindtec和Lncapital。具体变量的统计描述见表5-3所示。

表5-3　变量的描述性统计

变量名	观察值	均值	标准差	最小值	最大值
Lnrural	690	6.0835	0.4403	5.3248	7.3713
Lnurban	690	6.8639	0.4529	5.9511	8.1874
tradeopen	690	24.5739	36.5413	0.7694	228.7760
fdiopen	690	2.2942	3.4142	0.0011	24.2042
Lncapital	690	-1.7915	0.8709	-3.5655	0.8893
Lnagrtec	690	0.8939	0.6001	-0.5358	2.5057
Lnindtec	690	0.3506	0.6975	-0.7550	3.3395

资料来源：《中国统计年鉴》、《中国农村统计年鉴》、《新中国五十五年统计资料汇编》。

5.3 计量检验结果

5.3.1 面板数据单位根检验结果

表5-4是面板数据单位根检验结果，每个变量均采用前节所述的五种方法做单位根检验，对于单位根检验的滞后期选择采纳Schwarz标准自动选择。从具体检验结果来看，每个变量的水平值都是非平稳过程，但是一阶差分之后均是平稳的，除了Lnagrtec用Fish-PP方法检验在5%水平上显著，其他的都在1%水平上显著，也即Lnrural，Lnurban，tradeopen，fdiopoen，Lncapital，Lnagrtec和Lnindtec都是一阶单整的I（1）序列。

表 5－4　　面板数据单位根检验

统计量	Lnrural	Lnurban	tradeopen	fdiopen	Lncapital	Lnagrtec	Lnindtec
LLC	6. 8929	9. 3696	－1. 2081	1. 1734	－0. 7804	0. 2966	1. 4911
Breitung	1. 9112	0. 4661	0. 1502	－0. 0035	6. 4722	2. 2924	4. 328
IPS	13. 3639	15. 3279	－0. 0600	2. 0259	3. 5825	0. 1228	6. 0384
Fisher-ADF	1. 3088	1. 0856	58. 8621	51. 8538	63. 0098	78. 4851	16. 2186
Fisher-PP	1. 1319	0. 8923	50. 1997	42. 1509	8. 8778	42. 0015	19. 8389
ΔLLC	－15. 6901***	－11. 6652***	－17. 6910***	－10. 8206***	－7. 77115***	－9. 088***	－9. 4628***
ΔBreitung	－11. 5839***	－11. 1690***	－9. 0005***	－6. 6283***	－6. 0199***	－6. 2161***	－6. 7531***
ΔIPS	－14. 8969***	－11. 2926***	－14. 3174***	－11. 5011***	－3. 4013***	－10. 6507***	－11. 8906***
ΔFisher-ADF	292. 2700***	220. 1520***	281. 2300***	232. 236***	89. 1265***	216. 574***	235. 616***
ΔFisher-PP	332. 6590***	242. 4130***	365. 8860***	284. 493***	85. 3668**	258. 256***	293. 738***

注：***、**、* 分别表示在 1%、5%、10% 水平上显著。
资料来源：《中国统计年鉴》、《中国农村统计年鉴》、《新中国五十五年统计资料汇编》。

5.3.2　面板数据协整关系检验结果

表 5－5 是采纳 Pedroni 和 Kao 方法对城乡居民实际收入的面板数据协整关系的检验结果，从农村居民实际收入检验结果来看，在 pedroni 方法下，假设不同截面具有相同的自回归系数的 Panelv 和 Panelrho 统计量认为变量之间没有协整关系，而 Panel PP 和 Panel ADF 结果表明变量之间存在显著的协整关系；假设不同截面具有不同的自回归系数的 Group rho，Group PP 和 Group ADF 三个统计量都表明变量之间具有显著的协整关系。从 Kao 的统计量来看，也支持变量之间具有显著协整关系的结论。因此可以认为农村居民实际收入、投资开放度、贸易开放度、农业生产技术水平和资本投入之间是存在稳定的长期关系。从城镇居民实际收入来看，Panel rho，Panel ADF，Group rho 和 Group ADF 四个统计量都表明变量之间存在协整关系，而且 Kao 统计量也进一步支持了协整关系存在的结论。

表5－5　　面板数据协整关系检验

Pedroni（Engle-Granger based）	农村居民实际收入		城镇居民实际收入	
	Statistic	Prob	Statistic	Prob
Panelv-Statistic	1.05	0.231	0.47	0.357
Panel rho-Statistic	1.31	0.168	2.03**	0.050
Panel PP-Statistic	－3.12***	0.003	－1.27	0.178
Panel ADF-Statistic	－3.57***	0.001	－2.56**	0.015
Group rho-Statistic	3.53***	0.001	4.36***	0.000
Group PP-Statistic	－3.20***	0.002	－1.16	0.203
Group ADF-Statistic	－4.40***	0.000	－3.33***	0.002
Kao（Engle-Granger based）	－6.24***	0.000	－8.87***	0.000

注：***、**、*分别表示在1%、5%、10%水平上显著。

资料来源：《中国统计年鉴》、《中国农村统计年鉴》、《新中国五十五年统计资料汇编》。

5.3.3 面板数据协整关系估计结果

表5－6是对农村居民实际收入的回归结果，除了动态最小二乘法和动态面板数据模型，还报告了简单OLS和面板数据固定效应模型的回归结果，目的是增强结论的稳健性。在动态最小二乘回归（DOLS）中分别考虑了所有控制变量0阶或者1阶滞后（提前）的回归模型，从AIC和BIC的准则来判断，滞后（提前）0阶的模型，显然要好于1阶的。在动态面板数据模型（DPD）中，则分别报告了因变量滞后1期和滞后2期的回归结果。

表5－6　　农村居民人均实际收入

	OLS	固定效应	DOLS－0	DOLS－1	DPD－1	DPD－2
	(1)	(2)	(3)	(4)	(5)	(6)
L1					0.6868	0.7136
					(18.93)***	(16.47)***
L2						－0.0495
						－1.27
tradeopen	0.0008	0.0004	0.0008	0.0008	0.0007	0.0007
	(2.55)***	(1.72)*	(3.18)***	(2.78)***	(3.60)***	(3.55)***
fdiopen	0.0120	0.0033	0.0009	0.0023	0.0043	0.0041
	(4.16)***	(1.85)*	(0.44)	(0.97)	(3.52)***	(3.24)***

续表

	OLS	固定效应	DOLS - 0	DOLS - 1	DPD - 1	DPD - 2
Lncapital	0.3314	0.3427	0.3199	0.2899	0.1376	0.1446
	(24.28)***	(28.92)***	(25.34)***	(19.28)***	(8.21)***	(7.99)***
Lnagrtec	0.1464	0.2186	0.2250	0.2739	0.0267	0.0308
	(7.92)***	(10.57)***	(10.05)***	(9.90)***	(1.37)	(1.42)
Constant	6.5002	6.4850	6.4059	6.2856	2.1283	2.2723
	(163.13)***	(162.76)***	(149.07)***	(119.67)***	(8.81)***	(8.48)***
Obs	690	690	660	600	630	600
R-squared	0.80	0.90	0.91	0.90		
Number		30	30	30		
AIC	-268.55	-1248.22	-1228.47	-1151.16		
BIC	-245.87	-1225.84	-1188.04	-1076.42		
Wald					18952.58	17135.47
P					0.000	0.000

注：***、**、*分别表示在1%、5%、10%水平上显著。

资料来源：《中国统计年鉴》、《中国农村统计年鉴》、《新中国五十五年统计资料汇编》。

从回归结果来看，在6个回归方程都认为贸易开放度对农村居民人均实际收入存在显著的影响，也即贸易开放度越高，那么农村居民实际收入也会增加；从fdiopen变量的回归系数来看，在OLS、固定效应和DPD回归模型中，投资开放都表现出对农村居民实际收入显著正向影响，不过在动态最小二乘法回归中，外资开放系数为正的，但并不显著，总的来说还是认为外资开放度越高农村居民实际收入水平也会随之提高；从系数对比来看，外国直接投资的开放对农村居民收入的拉动作用要大于对外贸易的开放。从表5-6的其他变量系数来看，发现农业生产技术水平越高、社会固定资本投入越大，农村居民人均实际收入水平都会有显著增加。

表5-7是对城镇居民人均实际收入的回归结果，贸易开放度（tradeopen）越高，城镇居民的实际收入水平越高，仅在OLS回归中没有表现出显著关系；对外国直接投资越开放（fdiopen），那么城镇居民收入水平也会增加，且仅在DOLS回归中不显著；从系数来看，外国直接投资对城镇居民收入的拉动作用还是要大于对外贸易的作用。从其他变量回归来看，资本投入和技术水平也对城镇居民实际收入有显著正向影响。

表5-7 城镇居民人均实际收入

	OLS	固定效应	DOLS-0	DOLS-1	DPD-1	DPD-2
	(1)	(2)	(3)	(4)	(5)	(6)
L1					0.8517	0.9863
					(32.48)***	(22.26)***
L2						-0.1455
						(-3.74)***
tradeopen	-0.0001	0.0009	0.0014	0.0015	0.0004	0.0004
	(0.28)	(3.54)***	(5.34)***	(5.53)***	(2.50)**	(2.17)**
fdiopen	0.0080	0.0096	0.0031	-0.0004	0.0029	0.0029
	(2.50)**	(4.80)***	(1.51)	(0.20)	(2.60)***	(2.41)**
Lncapital	0.2594	0.4041	0.3705	0.3537	0.0733	0.0758
	(14.84)***	(28.28)***	(25.94)***	(24.30)***	(6.06)***	(5.55)***
Lnindtec	0.2593	0.2567	0.2555	0.2464	0.0389	0.0418
	(12.75)***	(14.71)***	(15.13)***	(14.26)***	(2.73)***	(2.72)***
Constant	7.2215	7.4537	7.3661	7.3170	1.1729	1.2421
	(177.80)***	(230.08)***	(219.57)***	(208.78)***	(6.20)***	(5.62)***
Obs	690	690	660	600	630	600
R-squared	0.77	0.93	0.94	0.95		
Number		30	30	30		
AIC	-128.30	-1068.01	-1157.13	-1253.19		
BIC	-105.62	-1045.32	-1116.70	-1178.44		
Wald					51318.36	40875.89
					0.000	0.000

注：***、**、*分别表示在1%、5%、10%水平上显著。

资料来源：《中国统计年鉴》、《中国农村统计年鉴》、《新中国五十五年统计资料汇编》。

5.4 对计量结果的讨论

因为本书重在研究贸易开放、外国直接投资对城乡居民收入的影响，所以在本节笔者仅对贸易和外国直接投资变量加以分析。在本书的第3章，将贸易开放对居民收入的影响总结为四种机制，包括要素价格机制、需求偏好机制、技术进步机制和劳动力市场弹性机制，而将外资对居民收入的影响总结为技术外溢机制。从本章的计量结果来看，贸易开放和外资开放都会对农村居民和城镇居民有着非常明显的影响，而且越开放，城乡居民收入增加的越多。

从贸易对城乡居民收入的影响来看，对于农村居民而言，对外贸易会导致我国劳动密集型产品出口的增加，这不仅包括劳动密集型的工业产品，也包括劳动密集型的农业产品。因为我国是土地资源短缺的国家，土地密集型的农产品在国际市场上不具有竞争优势，所以我国的优势在于劳动力资源丰富，发展水海产品、畜禽产品、园艺产品等劳动密集型的农产品出口成为我国出口的策略重点。也就是说贸易所带来的工业品和农产品生产的增加，通过要素价格机制增加了对城镇和农村劳动力的需求，根据要素价格机制，这必然会提高城镇和农村劳动力的收入，这与之前的理论研究是一致的［戴维斯（Davis），1996；伍德（Wood），1999；汉森和哈里森（Hanson and Harrison），1995］；从需求偏好机制出发，贸易主要发生在需求偏好相似的国家，而一国的人均收入水平决定了其需求偏好，因此需求偏好机制更多的是用来解释两个经济发展水平相当的国家，因此笔者并不认为需求偏好机制对本章的实证结果有解释作用；从技术进步机制来看，贸易会带来“贸易导向型技术进步”，带来生产效率的提高，城镇和农村居民收入的提高；从劳动力市场弹性机制出发，贸易自由化所带来的劳动力市场弹性的增加，会引致劳动力收入的改变，从我国出口产品结构来看，无论是劳动密集型的工业品还是劳动密集型的农产品，都带来了对城镇和农村非技术劳动力需求弹性的增加，导致劳动力工资富有弹性，收入增加。

从外国直接投资对居民收入影响来看，外国直接投资一方面直接增加了对劳动力的需求，更重要的是外国直接投资通过技术外溢，包括竞争与示范效应、产业联系和人力资本流动，促进了我国技术进步，提高了生产效率，进而提升了劳动力的工资水平。

5.5 本章小结

改革开放以来，我国经济呈现出由内向经济转向外向经济和由计划体制转向市场体制的双重特点，在这过程之中，我国城乡二元经济结构、地区差异表现得更加明显，农村居民收入增长的幅度要远小于城镇居民收入的增长。中西部地区居民收入增长远小于沿海地区居民收入增长，在居民收入增长的过程中，作为我国基本国策的开放（贸易开放和投资开放）到底扮演着怎样的作用？本章借助面板数据更多的样本，给予了严密的实证检验。

因为是典型的二元经济结构，所以对城镇和农村居民实际收入水平分别研究。从研究结论来看，贸易开放和外资开放都会农村居民和城镇居民有着非常明显的影响，而且越开放，城乡居民收入增加就越快，这符合古典经济理论的逻辑：开放可以提高专业化分工，可以按照比较优势分配资源以提高效率，也有利于吸收他国先进的知识和技能，且对国际市场的融入和竞争都会提高本土企业生产能力，这些都会提高一国生产效率，增加社会财富，提高居民收入。总的来说，贸易要素价格机制、技术进步机制、劳动力市场弹性机制和外资的技术外溢机制都可以从不同角度来解释居民收入的改变，不过，贸易的需求偏好机制并不能对中国城乡居民收入的变化提供解释。

第 6 章　实证研究：对外贸易、FDI 与城乡居民收入差距

中国的改革开放带来了城乡居民收入的大幅增长的结论在上一章已经证明。不过在我国城镇和农村居民收入大幅度增长的同时，其收入差距的不断扩大也引起了社会的普遍担忧和广泛探讨。不可否认，相对于改革开放前收入分配的平均主义，收入差距适当扩大有重要的激励作用，但超过合理限度的居民收入差距问题不仅会阻碍经济持续发展，导致国内需求不足，削弱经济的激励机制并影响社会的长远发展、稳定与进步，而且整个社会还可能陷入“富者愈富、穷者愈穷”的恶性循环。全社会已基本上取得了这样一种共识：当前收入分配的不公和过大的收入差距已到了不得不改之时。(李实等，2008)

对中国收入差距的度量可以从不同的维度，譬如城乡之间、地区之间、全国整体等等，基于中国典型的二元经济结构，中国城乡直接的收入差距最为引人瞩目，也被广为研究；随着中国国有企业改革的不断破冰和深入，下岗、分流等等引起的城市贫困也逐渐成为不可忽视的研究课题；从农村内部来说，农村地区生产承包责任制的推行、乡镇企业的发展和城市化过程的推进，不断引导中国农民收入从单纯的农业收入转变为多元化的收入结构，也使得农村的收入差距不断拉大。因此，本书研究的落脚点将限于三种居民收入的差距：城乡之间、城市内部和乡村内部。

本章随后共分为三节展开，第 1 节是利用时间序列数据研究对外贸易、外国直接投资对农村内部和城镇内部居民收入差距的影响，并比较所得到的结论；第 2 节是利用省际面板数据来研究对外贸易和外国直接投资对城乡直接收入差距的影响；第 3 节是对本章研究的小结。

6.1　城乡内部居民收入差距

6.1.1　农村居民收入差距的变化趋势

表 6－1 是中国农村和城镇居民收入差距的基尼系数展示①。1978 年我国农村基尼系数是 0.212，而到了 2006 年增加到 0.374，逐年呈现增加的趋势。图 6－1 刻画的是农村和城镇居民收入基尼系数的变动趋势，从中也可以明显看出，农村居民收入的基尼系数有不断扩大的趋势。

从时间上看，1979 年后，中国出现了农村家庭联产承包经营责任制，到 1984 年基本完成，在这段时期国家上调了农产品价格，极大地激励了农民的农业劳动积极性，农业产量迅速提高，农民收入迅速增长，不过这一时期农村居民内部的收入差距并没有明显拉大，尤其是在 1982 年之前基尼系数呈下降态势，农民收入高速增长并没有带来农民内部收入差距的扩大，主要原因还是因为这一时期农民收入结构比较单一，依然依靠的是传统农业，其产出的差异主要在于自然资源禀赋的差异，不容易轻易发生改变。

1985 年之后中国农村经济结构发生了较大的变化，主要是农村工业化开始起步，1985 年的农村居民内部的基尼系数为 0.264，而 1988 年就增加到 0.301，基尼系数增加幅度达到 14%，农村居民收入差距开始显著拉大，而这种差距更多的是来自于我国各地区农村工业化步伐的不一致，当东部沿海和城市边缘的农村地区开始工业化发展的时候，一些西部和偏远地区的农村依然还是以传统农业为主，农村内部收入差距开始凸显。

1989～1991 年国家实行宏观政策调控，农村居民收入呈现缓慢增长状态，特别是产业结构变动缓慢，农村工业化受到阻滞，相应的农村内部居民收入差异没有发生多大改变，在 1991 年反而比 1990 年下降了 0.03。

---

① 因为对省份农村和城镇居民内部收入数据采集的困难，笔者无法得到全部省份农村和城镇居民收入差距的面板数据，因此，笔者用全国时间序列数据来研究。对于全国水平的城镇和农村内部的基尼系数计算有多个版本，本书选择较为权威的研究，1978～1995 年的数据来自于赵人伟等（1999）编写的《中国居民收入分配再研究》，1996～2006 年的数据来自于国家发改委编写的《中国居民收入年度报告》（2004，2005，2006，2007）。

1992～1995年，中国改革开放进入了一个新的层次，市场经济成为中国体制改革的方向，对外开放和对内搞活同时并举，农村产业结构变革加速，农村城市化过程开始加速，农村劳动力转移也开始加速，农村居民收入差距也随之进一步扩大。

1996年之后，这一时期我国主要农产品生产价格大幅度下降，粮食连年减产，库存下降，农民家庭经营第一产业收入减少，导致收入差距开始略有下降，基尼系数从1995年的0.340下降到1997年0.329。随后农村非农收入在农民收入中的比重不断增加，农村居民内部收入差距开始了一路上行，到2006年基尼系数达到0.374，比改革开放初期的0.212，增加幅度达到76.4%。

6.1.2 城镇居民收入差距的变化趋势

表6－1和图6－1也刻画了城镇居民的基尼系数，从图6－1中可以看出，从1978年以来，我国总体上城镇居民的收入差距还是要小于农村居民的，1978年城镇居民的基尼系数是0.16，而到2006年增加到0.3125，增加幅度为95%，从增加的幅度来看，城镇居民收入差距扩大的速度要快于农村居民。

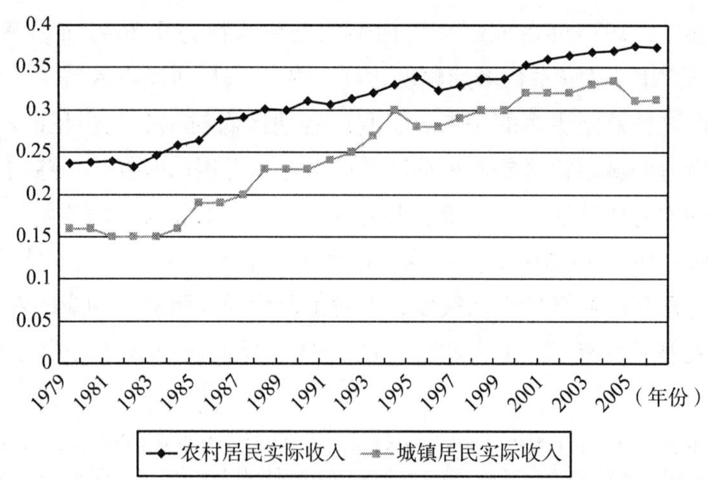

图6－1 农村和城镇居民收入的基尼系数：1978～2006年

资料来源：赵人伟等（1999）《中国居民收入分配再研究》、《中国居民收入年度报告》。

表6-1　　农村和城镇居民的收入差距程度：1978~2006年

年度	农村基尼系数	城镇基尼系数
1978	0.212	0.16
1979	0.237	0.16
1980	0.238	0.16
1981	0.239	0.15
1982	0.232	0.15
1983	0.246	0.15
1984	0.258	0.16
1985	0.264	0.19
1986	0.288	0.19
1987	0.292	0.20
1988	0.301	0.23
1989	0.300	0.23
1990	0.310	0.23
1991	0.307	0.24
1992	0.314	0.25
1993	0.320	0.27
1994	0.330	0.30
1995	0.340	0.28
1996	0.323	0.28
1997	0.329	0.29
1998	0.337	0.30
1999	0.336	0.30
2000	0.354	0.32
2001	0.360	0.32
2002	0.365	0.32
2003	0.368	0.33
2004	0.369	0.33
2005	0.375	0.31
2006	0.374	0.31

资料来源：赵人伟等（1999）《中国居民收入分配再研究》，《中国居民收入年度报告》。

从开始改革开放到1984年，城镇居民收入增长比较平稳，收入差距基本保持了改革开放前的水平。中国的改革开放是从农村开始，1984年以后才开始城市经济体制的改革，因此，这一阶段中的城镇居民收入差距状况基本保持了传统计划体制下的特征，甚至在1981～1983年间，城镇居民的基尼系数出现了小幅下降。

从1985～1994年，城市经济体制改革开始起步，一系列有关收入分配的改革措施纷纷出台，市场机制逐渐强化，收入分配模式也随之改变，使一部分人迅速致富，在宏观经济快速增长的推动下，城镇居民收入水平在持续高速增长的同时，收入差距迅速扩大。1985年，城镇居民基尼系数第一次有了较大幅度的上升，由0.16提高到0.19，扩大了0.03。其中有几次大的跳跃式上升，1988年，基尼系数上升了0.03，1993年上升了0.02，1994年上升了0.03。

1995～1999年，经济增长开始减速运行，居民收入增速明显下降，城镇居民收入差距扩大势头略有缓解。1995年开始，宏观经济进入结构调整时期，经济增长速度明显放慢，城镇居民收入增幅开始下降，居民家庭减收面扩大，其中包括部分高收入家庭。1995年基尼系数出现改革开放以来第一次下降，比1994年下降了2个百分点，收入差距迅速扩大的势头有所收敛。但是，在这一阶段中，收入差距总体水平高于前一阶段，基尼系数徘徊在0.29左右。

2000年之后，我国经济进入了新一轮的上升通道，经济增长迅速，经济结构调整加速运行，产业结构的调整进一步升级，国有企业改革不断深入和突破，而且在2001之后我国加入WTO，我国对外开放的步伐极大拓展，这些一方面带来城镇居民收入的增加，另一方面，城镇居民的收入差距也进一步加强，2000年基尼系数增加了0.02，2003年又增加了0.01。不过，在严峻的城镇居民收入扩大的局面下，各级政府采取各种措施，为下岗人员提供再就业岗位，完善城镇低收入群体的社会保障和加大财政的转移支付，导致2005年基尼系数下降了0.02。

6.2 对外贸易、FDI与城乡内部收入差距

本节采用时间序列数据来实证检验对外贸易、外国直接投资和城乡居民内部收入差距的关系，因为最早只能得到1979年外国直接投资的数据，因此，本节时间序列的时间跨度为1979～2006年。对于农村和城镇内部居民收入差距的度量，本节采纳上节计算的基尼系数（gini）来度量；对

于贸易开放度（tradeopen）和外资（fdiopen）开放度的度量，依然选择上一章全国水平的数据；同时还会考虑农村或者城镇经济发展水平和社会资本存量对农村和城镇居民内部收入差距影响，此时用农村居民人均实际收入（rurali）和城镇居民人均收入（urbani）来分别度量农村和城镇的经济发展状况。对于资本投入，则选择全社会固定资产投资来度量（capital），同样会按照上一章的迭代方法，计算全社会固定资产的存量。对农村、城镇居民收入和资本存量，均按照农村消费物价指数、城镇消费物价指数和固定资产投资物价指数来平减，且取对数形式，分别记为：Lnrurali，Lnurbani和Lncapital。

对于时间序列数据，通过协整分析可以判断变量之间是否存在长期稳定关系，而VAR或VEC模型能描述变量之间的短期动态关系。因此，在建立协整方程基础之上，可以运用VAR或VEC模型刻画本书要考察变量之间的关系：

$$\begin{bmatrix} gini \\ tradeopen \\ fdiopen \\ Lnincome \\ Lncapital \end{bmatrix} = \sum_{i=1}^{p} \begin{bmatrix} \lambda_{11i} & \lambda_{12i} & \lambda_{13i} & \lambda_{14i} & \lambda_{15i} \\ \lambda_{21i} & \lambda_{22i} & \lambda_{23i} & \lambda_{24i} & \lambda_{25i} \\ \lambda_{31i} & \lambda_{32i} & \lambda_{33i} & \lambda_{34i} & \lambda_{35i} \\ \lambda_{41i} & \lambda_{42i} & \lambda_{43i} & \lambda_{45i} & \lambda_{46i} \\ \lambda_{51i} & \lambda_{52i} & \lambda_{53i} & \lambda_{54i} & \lambda_{55i} \end{bmatrix} \begin{bmatrix} gini \\ tradeopen \\ fdiopen \\ Lnincome \\ Lncapital \end{bmatrix}_{t-1} + \begin{bmatrix} \varepsilon_1 \\ \varepsilon_2 \\ \varepsilon_3 \\ \varepsilon_4 \\ \varepsilon_5 \end{bmatrix}$$

对于时间序列数据，为了避免“伪回归”问题的产生，笔者采纳ADF（Augement Dikey-Fuller）方法检验数据序列gini、tradeopen、fdiopen、Lnrurali、Lnurbani和Lncapital的平稳性。分解就每个变量的时间序列数据的水平和一阶差分（或二阶差分）形式进行检验，其中检验过程中滞后期的确定采用AIC最小准则，已保证残差值的非自相关性。表6－2报告是单位根检验的结果，可以发现所有变量在5%置信水平上都是非平稳的，但变量的一阶差分序列在5%水平上是平稳的，即gini、tradeopen、fdiopen、Lnrurali、Lnurbani和Lncapital都是一阶单整过程。

表6－2　　变量单位根检验

变量	检验类型（C，T，L）	ADF统计量	临界值（1%、5%、10%）		
ruralgap	（C，T，1）	－1.7596	－4.3561	－3.5960	－3.2335
Druralgap	（C，0，0）	－5.7151***	－3.7115	－2.9810	－2.6299
urbangap	（C，T，0）	－1.4620	－4.3393	－3.5875	－3.2292

续表

变量	检验类型（C，T，L）	ADF统计量	临界值（1%、5%、10%）		
Durbangap	（C，T，4）	-3.7948**	-4.4407	-3.6329	-3.2547
tradeopen	（0，0，0）	2.9102	-2.6534	-1.9539	-1.6096
Dtradeopne	（C，0，0）	-4.3783***	-3.7115	-2.9810	-2.6299
fdiopen	（C，0，1）	-1.8407	-3.7115	-2.9810	-2.6299
Dfdiopen	（0，0，1）	-3.3923***	-2.6607	-1.9550	-1.6091
Lnrurali	（C，T，3）	-3.6113	-4.3943	-3.6122	-3.2431
DLnrurali	（C，T，4）	-3.7233**	-4.4407	-3.6329	-3.2547
Lnurbani	（0，0，0）	9.1308	-2.6534	-1.9539	-1.6096
DLnurbani	（C，T，0）	-5.0629***	-4.3561	-3.5950	-3.2334
Lncapital	（C，T，1）	-1.5619	-4.3393	-3.5875	-3.2292
DLncapital	（C，T，0）	-3.8578***	-4.3561	-3.5950	-3.2334

注：检验结果用Eviews6.0软件计算得出。检验类型（C，T，L）分别表示单位根检验方程包含常数项、时间趋势和滞后阶段，0表示无时间趋势或无常数项。D表示差分算子。***、**表示在1%、5%的显著水平上拒绝原假设，下同。

如果时间序列（X1t，X2t，X3t，…，Xnt）都是d阶单整的，并且存在着一个向量β（$\beta \neq 0$），使得$\beta' y_t \sim I(d-b)$，$0<b\leq d$，就可称X1t，X2t，X3t，…，Xnt之间存在d，b阶协整关系，记为$y_t \sim CI(d, b)$，β称作协整向量。协整关系在很大程度上依赖于滞后期的选择，研究传统一般根据无约束的VAR模型确定。由于VAR模型的稳定性是判断模型好坏的关键条件，而且随着滞后期越长模型的稳定性越差，所以当VAR模型不符合稳定性条件时的前推1期为最长滞后期，然后根据残差检验逐期剔除不显著模型，通过残差自相关、正态性和异方差检验的模型为最终模型。考虑到模型的稳定性，残差检验正态性，最后确定对农村居民收入差距和城镇居民收入差距的计量检验的最优滞后期都为1。

为判断变量之间是否存在长期均衡关系，笔者采用Johansen提出的方法来检验变量之间的协整关系。表6-3报告了协整方程的几种形式，从中可以看出，对于农村基尼系数，选择的检验形式为协整变量具有线型趋势而且截距项限制在协整空间里，则线性协整关系唯一，而对于城镇居民基尼系数的协整检验，选择的检验形式为协整变量具有线性和时间趋势而且截距项限制在协整空间里，那么线性协整关系也是唯一。表6-4是协整检验的具体结果，迹统计量和最大特征值统计量都表明在5%的显著水平下存在着协整关系。根据协整向量的系数的估计值，可以得到如下协整方程（圆括号内为标准误，方括号内为 t 值）：

$$
\begin{array}{llll}
ruralgap = & -0.0028tradeopen & -0.0089fdiopen & +0.2614Lnrurali \\
 & (0.0007) & (0.0033) & (0.0428) \\
 & [-3.8805] & [-2.6660] & [3.8805] \\
 & -0.0265Lncapital - 1.1754 + u_t & & \\
 & (0.0231) & & \\
 & [-1.1498] & &
\end{array}
$$

$$
\begin{array}{llll}
urbangap = & 0.0114tradeopen & +0.0331fdiopen & -0.7411Lnurbani \\
 & (0.0019) & (0.0043) & (0.1981) \\
 & [5.9547] & [7.7651] & [-3.7410] \\
 & +0.1747Lncapital & +0.0211t + 4.7966 + u_t & \\
 & (0.0690) & (0.0053) & \\
 & [2.5320] & [3.9771] &
\end{array}
$$

表 6 – 3　　　　协整关系个数：农村及城镇内部居民收入差距

数据趋势		无	无	线性	线性	二次方程
方程形式		无截距	截距	截距	截距	趋势
		无趋势	无趋势	无趋势	趋势	截距
农村基尼系数	迹统计量	2	2	1	2	0
	最大特征值	2	2	1	1	0
城镇基尼系数	迹统计量	2	3	2	1	1
	最大特征值	2	1	1	1	0

表 6 – 4　　　　协整检验结果

迹统计量	5% 临界值	最大特征值统计量	5% 临界值	协整秩
93.72	69.82	51.35	33.88	r = 0
42.37	47.86	21.53	27.58	r⇐1
20.83	29.80	10.71	21.13	r⇐2
10.13	15.49	9.61	14.26	r⇐3
85.78	69.82	38.31	33.88	r = 0
47.47	47.86	26.32	27.58	r⇐1
21.15	29.80	13.62	21.13	r⇐2
7.54	15.49	7.36	14.26	r⇐3

从协整方程可以看出，贸易开放和外资开放对农村居民内部收入差距有负向的影响，当贸易开放度每增加一个百分点，会带来农村居民基尼系数减少0.0028，而当外国直接投资每增加一个百分点，会带来农村居民基尼系数减少0.0089，显然对外直接投资对农村居民收入差距的影响要大于外贸开放。进一步观察另外两个控制变量，可发现农村居民的实际收入每增加1%，会带来农村居民基尼系数增加0.0026%，表明农村经济发展越好的地区，那么农村居民内部收入差距的程度就越高；从Lncapital的报告的t值来看，全社会人均资本投入虽然对农村居民收入差距程度有负向的影响，但并不显著，也即社会资本的投入对农村居民内部的收入分配差距没有表现出明显的影响。

从城市居民收入内部基尼系数的协整方程来看，贸易开放和外资开放对城市居民收入差距的影响与农村居民完全相反，贸易开放度每增加1%会带来城市居民内部基尼系数增加约0.011，表明贸易开放加剧了城镇居民收入差距的扩大；从投资开放度来看，外资开放每增加1%也导致城镇居民内部基尼系数增加0.0331，表明外资开放会扩大城镇居民内部收入差距；从Lnurbani系数来看，城镇居民收入每增加1%，会带来城镇内部基尼系数减少0.0074%，城镇经济发展得越好，那么城镇居民收入差距程度会越低；从Lncapital的系数来看，全社会人均资本投入得越多，那么城镇居民的基尼系数也越大。

格兰杰（Grange，1987）定理证明了协整与误差修正模型的必然联系。如果非平稳的变量之间存在着协整关系，那么必然可以建立误差修正模型（VEC）。由于误差修正模型可以有效地吸收时间序列模型和经典计量模型的优点并克服它们的缺点，因此得到广泛的应用。由表6-5、表6-6可以知道，VEC模型的稳定性条件满足，自相关检验、异方差检验和正态性检验都能通过。当以农村居民内部收入基尼系数为因变量的时候，误差修正系数为-0.1920；当以城镇居民内部收入基尼系数为因变量的时候，误差修正系数为-0.1573，说明农村内部基尼系数从短期偏向长期均衡调整幅度每一时期是19.20%，而城镇内部基尼系数调整幅度是15.73%，要小于农村内部基尼系数。

方差分解的主要思想是把系统中每个内生变量的波动按其成因分解为与各方程信息相互关联的部分，从而了解各信息对模型内生变量的相对重要性，在方差分解之前，必须采用Choleski正交化处理，以消除残差项之间的同期相关和序列相关。

表6-5　VEC模型整体效果检验及误差修正系数：农村居民收入差距

滞后期	1	2	3	4	5	6
LM统计量	23.9230	15.5604	12.7544	30.8987	38.8587	18.7471
P值	0.5238	0.9273	0.9794	0.1924	0.0381	0.8091
滞后期	7	8	9	10	11	12
LM统计量	15.8399	35.9842	24.9502	15.6221	23.1532	16.2307
P值	0.9195	0.0718	0.4652	0.9256	0.5686	0.9078
异方差检验	χ^2（180）=182.66（p值=0.4307）					
J-B正态性检验	χ^2（10）=14.96（p值=0.1334）					
以ruralgap为因变量	误差修正系数=-0.1920（t值=-6.21）					

表6-6　VEC模型整体效果检验及误差修正系数：城镇居民收入差距

滞后期	1	2	3	4	5	6
LM统计量	33.1774	19.3567	25.8808	34.1557	21.7593	31.8586
P值	0.1267	0.7797	0.4140	0.1046	0.6496	0.1621
滞后期	7	8	9	10	11	12
LM统计量	26.9494	21.5750	25.2423	27.9413	41.2846	28.2480
P值	0.3584	0.6602	0.4489	0.3106	0.0214	0.2966
异方差检验	χ^2（180）=185.63（p值=0.3711）					
J-B正态性检验	χ^2（105）=53.22（p值=1.0000）					
以urbangap为因变量	误差修正系数=-0.1573（t值=2.45）					

表6-7报告了对农村内部基尼系数的方差分解情况，相对于对外贸易的开放，外国直接投资的开放在前期对农村内部居民收入基尼系数有较大的影响，而对外贸易的开放度在后期的影响要超过对外投资的开放度。从Lnrurali和Lncapital的影响来看，农村地区经济发展水平在后期对农村内部基尼系数的影响尤为突出，远大于其他三个变量的影响，而人均社会资本投入对农民内部基尼系数的影响一直都处于较弱的状态。

表6-8报告的是对城镇内部基尼系数的方差分解情况，可以看出对外国直接投资的开放对城镇居民基尼系数影响一直都较弱，而对外贸易的开放在后期有不断增强的趋势。城镇地区经济发展水平和人均社会资本投资对城镇内部基尼系数的影响也在后期会不断增强。

表6－7　　农村基尼系数序列的方差分解

时期	ruralgap	tradeopen	fdiopen	Lnrurali	Lncapital
1	100.0000	0.0000	0.0000	0.0000	0.0000
2	62.1271	3.9019	32.9261	0.5590	0.4860
3	53.4837	9.7123	30.2073	6.1941	0.4027
4	50.0509	12.8871	20.1513	16.6497	0.2610
5	48.4327	13.1548	13.4039	24.4507	0.5579
6	47.7636	12.4342	9.8140	28.4681	1.5201
7	47.4336	11.6704	7.7956	30.0918	3.0085
8	47.1669	11.1604	6.4683	30.4400	4.7645
9	46.8557	10.9070	5.4982	30.1931	6.5460
10	46.4882	10.8422	4.7535	29.7180	8.1981
11	46.0918	10.8890	4.1660	29.1950	9.6582
12	45.6973	10.9849	3.6933	28.6996	10.9250

表6－8　　城镇基尼系数序列的方差分解

时期	urbangap	tradeopen	fdiopen	Lnurbani	Lncapital
1	100.0000	0.0000	0.0000	0.0000	0.0000
2	75.1699	3.3822	2.6675	13.0505	5.7299
3	49.3290	12.3749	2.3799	18.5230	17.3933
4	35.9594	18.5012	1.9314	21.7312	21.8768
5	26.8416	23.3359	1.4045	23.0923	25.3258
6	20.8171	26.7886	1.1186	24.0513	27.2244
7	16.5072	29.3654	1.0947	24.4972	28.5355
8	13.4436	31.2516	1.2925	24.7298	29.2825
9	11.2245	32.6361	1.6694	24.7567	29.7134
10	9.6276	33.6398	2.1680	24.6715	29.8931
11	8.4811	34.3591	2.7475	24.4986	29.9138
12	7.6690	34.8643	3.3715	24.2755	29.8197

脉冲响应函数可以用于衡量来自随机扰动项的一个标准差冲击对内生变量即期和远期取值的影响。为充分刻画短期内的动态效应，本文采用累积脉冲响应形式。由图6－2和图6－3刻画的是基于VEC模型的脉冲响应曲线，其中图6－2是对农村内部居民收入基尼系数的刻画，而图6－3

是对城镇内部居民收入基尼系数的刻画。

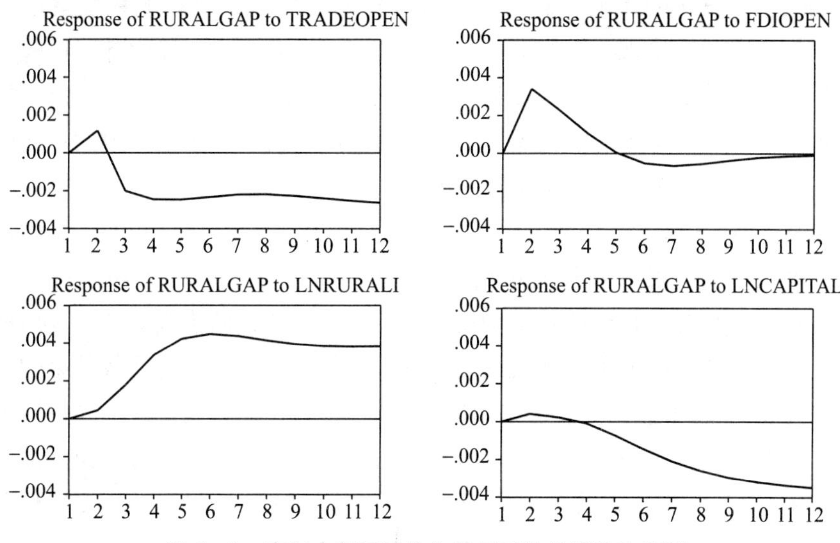

图6－2　农村内部居民收入基尼系数的脉冲响应图

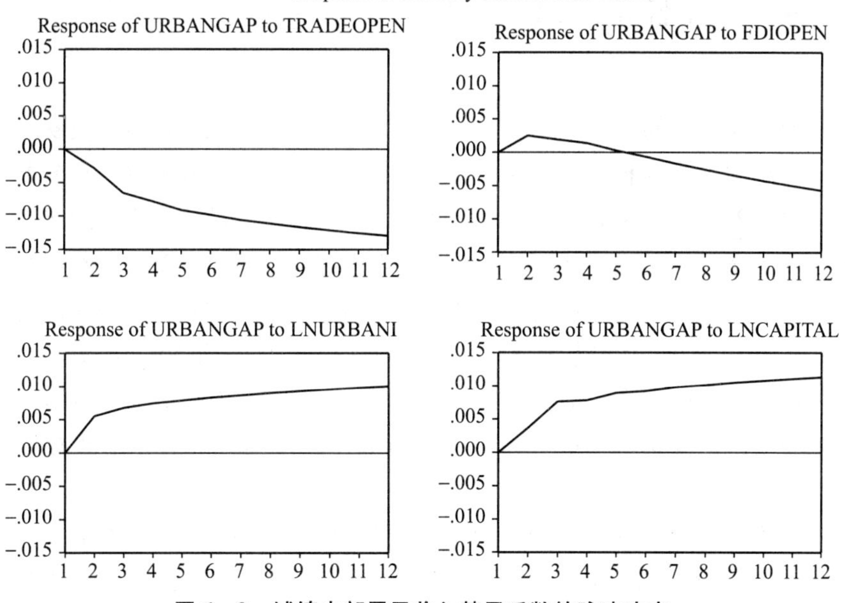

图6－3　城镇内部居民收入基尼系数的脉冲响应

从图 6 - 2 来看，当贸易开放度出现一个标准差的正向冲击时，对农村内部居民收入基尼系数的影响在不同时期表现不一，在一开始有正向的影响表现为正向的影响，然后又表现为负向的影响，且影响程度逐渐加大；当投资开放出现一个标准差的正向冲击时，对农村居民内部居民收入基尼系数在前期也为正值，而后期也表现为负值，不过影响程度会趋弱；还可以发现农村地区经济发展水平对农村内部居民收入基尼系数的正向影响逐渐走强，而人均社会资本投资的负向影响也逐渐走强。

从图 6 - 3 来看，当贸易开放度出现一个标准差的正向冲击，在短期内对城镇内部居民收入基尼系数有负向影响，会引致收入差距程度会缩小，这与协整方程得到的长期均衡关系表现不一致；而当投资开放度出现一个标准差的正向冲击，在短期内对城镇内部居民收入基尼系数的影响经历了先正后负的过程，也与长期协整关系不一致；而城镇地区经济发展水平和人均社会资本投入的一个标准差的正向冲击，在短期内对城镇内部居民收入基尼系数都呈现递增的正向影响，即城镇内部居民收入差距会扩大。

6.3 对外贸易、FDI 与城乡之间居民收入差距

对于城乡之间的居民收入差距，在本书的第 4 章就分别通过城乡收入比、农村居民收入相对结构数、基尼系数和泰尔指数来分析过。本节重要的是分析对外贸易和 FDI 对城乡之间居民收入差距的具体影响。同前节一样，笔者选择最具代表性的基尼系数来表征城乡居民收入差距，除了控制对外贸易开放度和对外投资开放度，还控制了地区经济发展水平和社会资本投入变量。不同于分析城镇和农村内部居民收入差距的是，本节对城乡居民收入差距的研究，则采用第 4 章计算的省际基尼系数的面板数据，所以本章采纳的面板数据的计量方法来研究，具体的方法的介绍请参见第 5 章。

本章用于实证分析的变量为省际城乡居民收入基尼系数（gini）、省际贸易开放度（tradeopen）、省际外资开放度（fdiopen）、省际经济发展水平（averagegdp）和省际人均社会资本投入（Lncapital），另外采用人均地区生产总值来度量省际经济发展水平，对于人均社会资本投入也采纳选

代方法转换为人均资本存量。同样，因为数据缺失，本章分析并没有包括西藏，对于人均地区国内生产总值和人均社会资本存量均按照相关指数消除了通货膨胀的影响，而且分别取对数形式，表示为 Lnaveragegdp 和 Lncapital。

本章分析的贸易开放度（tradeopen）、外资开放度（fdiopen）以及人均社会资本投入（Lncapital）三个变量的单位根检验在第5章已经表述，而且检验结果表明这三个变量都是一阶单整 I（1）。表6－9是对本章新增的两个变量的单位根检验结果，也采用与第5章相同的五种方法来检验，从表6－9报告的结果来看，省际基尼系数（gini）和人均国内生产总值（Lnaveragegdp）序列也都是非平稳的，而它们一阶差分序列也都是平稳的，这说明基尼系数和人均国内生产总值都是一阶单整的，这为后续检验变量之间协整关系的存在提供了可能。

表6－9　　面板数据单位根检验

统计量	gini	Lnaveragegdp
LLC	8.2008	10.0268
Breitung	－1.2591	5.1660
IPS	0.9062	15.8900
Fisher-ADF	5.6955	2.8405
Fisher-PP	6.0563	2.0639
ΔLLC	－12.4291***	－5.7574***
ΔBreitung	－8.5332***	－2.4361***
ΔIPS	－12.060***	－6.5487***
ΔFisher-ADF	241.869***	143.72***
ΔFisher-PP	256.122***	156.261***

注：***、**、*分别表示在1%、5%和10%水平上显著。

如同第5章对农村和城镇居民收入增长分析一样，本章还是采纳 Pedroni 和 Kao 方法来检验面板数据的协整关系，表6－10是具体检验结果，在 pedroni 方法下，当假定不同的截面具有相同的自回归系数，Panel rho、Panel pp、Panel ADF 三个统计量在10%水平上接受变量之间具有协整关系，而 Panel-v 统计量并不显著；当假定不同的截面具有不同的自回归系数，Group rho、Group pp 和 Group ADF 统计量在10%水平上都接受变量直接具有稳定的协整关系，而且 Group rho 和 Group ADF 统计量都在 1% 水平上显著。从 Kao 统计量来看，也在 1% 水平上表明变量之间存在协整关系。因此可以认为城乡居民收入基尼系数、贸易开放度、外资开放度、人均地区生产总值和人均社会资本投入具有稳定的长期关系。

表 6-10　　　　面板数据协整关系检验

Pedroni（Engle-Granger based）		
	Statistic	Prob
Panel v-Statistic	0.98	0.247
Panel rho-Statistic	1.77*	0.083
Panel PP-Statistic	-1.76*	0.085
Panel ADF-Statistic	-2.24*	0.033
Group rho-Statistic	3.38***	0.001
Group PP-Statistic	-1.86*	0.071
Group ADF-Statistic	-5.26***	0.000
Kao（Engle-Granger based）	-5.28***	0.000

注：***、**、* 分别表示在 1%、5% 和 10% 水平上显著。

表 6-11 是对城乡居民收入基尼系数回归的结果，分别采用了简单 OLS、面板数据固定效应模型、动态 OLS（分别采用自变量 0 期、0 期到 1 期的提前和滞后项的差分项）、动态面板数据回归方法（分别选取了因变量的滞后 1 期、2 期和 3 期），这些方法的具体介绍见于第 5 章。从 tradeopen 的系数来看，在 7 个回归方程中都表现出了对城乡居民收入负向的影响，影响系数在简单 OLS、固定效应、动态 OLS 和动态面板数据因变量滞后 3 期的 5 个回归模型中，都很显著，表明贸易越开放会带来城乡居民收入基尼系数缩小，城乡之间收入差距会缩小；从 fdiopen 的回归系数来看，7 个回归方程也认为外资开放对城乡居民收入基尼系数有负向的影响，且在固定效应模型、动态 OLS 和动态面板数据 3 期模型共 4 个回归方程中具有显著的影响，所以总的来说，对外国直接投资越开放，基尼系数会越小，城乡居民之间的收入差距程度会缩小。比较 tradeopen 和 fidopen 的回归系数，大致可以认为外资开放对城乡居民收入差距的影响要大于贸易开放。再从其他两个控制变量来看，地区经济发展水平（Lnaveragegdp）越高，城乡之间居民收入差距会越大，而人均社会资本投入应该对城乡居民收入有负向的影响（尽管 OLS 回归得到的系数为正

值，但更详细来自固定效应和 DOLS－0 的回归结论）。

在第 4 章的表 4－6、表 4－7、表 4－8、表 4－9 分别刻画了我国城乡居民收入比，收入相对结构数、基尼系数和泰尔指数，从四个图中都可以清晰看出，东部地区的城乡收入差距要明显低于中、西部地区。从我国改革开放之后的地区经济发展过程来看，我国东部地区率先开始了经济特区的改革，而且一直走在改革开放的前列，具有相对中、西部地区较高的贸易开放度和外资开放度。因此，这也充分支持了本节所得到的实证结论：贸易开放和外资开放会带来中国城乡居民收入差距的缩小。

表 6－11　　城乡居民收入基尼系数

	OLS	固定效应	DOLS－0	DOLS－1	DPD－1	DPD－2	DPD－3
	(1)	(2)	(3)	(4)	(5)	(6)	(7)
L1					0.7565	0.8676	0.8207
					(22.74)***	(19.32)***	(17.98)***
L2						－0.1811	－0.0237
						(－4.26)***	(－0.43)
L3							－0.1736
							(－4.10)***
tradeopen	－0.0008	－0.0003	－0.0004	－0.0004	－0.0001	－0.0001	－0.0001
	(7.22)***	(4.74)***	(5.01)***	(4.48)***	(－1.09)	(－1.50)	(－1.97)**
fdiopen	－0.0005	－0.0013	－0.0013	－0.0014	－0.0008	－0.0008	－0.0009
	(0.45)	(2.44)**	(2.19)**	(2.01)**	(－1.62)	(－1.58)	(－1.72)*
Lnaveragegdp	－0.0111	0.1028	0.0891	0.0688	0.0084	0.0202	0.0370
	(1.10)	(15.87)***	(13.04)***	(8.15)***	(1.32)	(2.71)***	(4.61)***
Lncapital	0.0293	－0.0322	－0.0183	－0.0025	0.0057	－0.0002	－0.0097
	(3.32)***	(5.66)***	(3.13)***	(0.37)	(1.24)	(－0.03)	(－1.75)*
Constant	0.3381	－0.6174	－0.4906	－0.3235	0.0029	－0.0825	－0.2130
	(3.85)***	(10.90)***	(8.31)***	(4.50)***	(0.06)	(－1.39)	(－3.34)***
Obs	690	690	660	600	630	600	570
R-squared	0.12	0.63	0.61	0.60			
Number		30	30	30			
AIC			－2827.08	－2652.08			
BIC			－2786.65	－2577.34			
Wald					2924.45	2192.72	2142.65
P					0.0000	0.0000	0.0000

注：***、**、*分别表示在 1%、5% 和 10% 水平上显著。

6.4 对计量结果的讨论

从计量结果来看，贸易开放和外资开放对农村居民内部收入差距在长期中有弥合的效应，而对城镇居民收入差距在长期中有扩大的效应。因为我国农村地区劳动力受教育程度普遍较低，那些接受了高等教育或者成为技术密集型人才的农村居民也会迅速加入城市化过程，追求城市所带来的舒适和便利。所以可认定中国广大农村劳动力总体上应该属于非技术劳动力。在承认农村劳动力单一属性的前提下，本书第 3 章所总结的贸易对居民收入的要素价格机制、需求偏好机制、技术进步机制和劳动力市场弹性机制以及外资的技术外溢机制，并不能对农村内部居民收入差距给予解释。从另一个角度来看，在改革开放之前，我国农村居民收入的主要构成来自于传统农业（关于农村居民收入构成的变迁将在下一章有更为详尽的分析），农村居民收入的差距主要是因为不同地域自然禀赋的差异，如土地的肥沃程度、气候的适宜程度、人均耕地的多少、主要农作物的品种等，这些都会直接影响到农村居民农作物的收成，进而导致农村居民收入差距。而开放所带来的整个经济的腾飞，给农村劳动力提供了非农就业机会，如进城务工，传统农业收入在农民总收入的比重逐年下降，弱化了地域自然禀赋的影响。另一方面，农村劳动力普遍的非技术性，导致其非农就业的收入差距并不显著，这两方面都对农村居民收入差距有弥合效应。

与农村劳动力不同的是，贸易和外资对城镇居民收入差距在长期中有扩大作用，这与城镇劳动力构成是有关系的。与农村劳动力普遍非技术性不同的是，城镇劳动力具有非常明显的技能差异，有高技能的技术型劳动（如 IT 技术开放人员、金融从业人员、医药研发人员、高级管理人员等），也有技能相对低下的非技术密集型劳动力（如一般职员、工人）①。笔者认为外贸技术进步机制、劳动力市场弹性机制和外资的技术外溢机制能更好地解释开放对于城镇居民收入差距的扩大效应，一方面外贸的技术进步机制和外资的技术外溢机制，会提升城镇技术密集型产业的技术进步，增加了对技术密集型人才的需求，导致城镇技术劳动力收入的提高，

① 这里的技术密集型劳动力和非技术密集型劳动力的划分，都是相对的。

进而拉开了与非技术劳动力收入的差距；另一方面，开放会带来劳动力市场弹性的增加，因为我国是非技术劳动力供给充裕，而技术劳动力稀缺的国家，因此对技术劳动力的市场弹性增加要大于非技术劳动力，导致高技术人才获得更高的收入，拉开了收入差距。

从对城乡之间收入差距的计量结果来看，贸易开放和外资开放都有利于缩小城乡之间居民收入差距，这与经典的FPE和SS定理是一致的，发展中国家的开放，带来非技术密集型（unskilled）产品生产的增加和技术密集型（skilled）产品生产的减少，进而导致对非技术劳动（更多的是农村居民）要素需要的增加和技术劳动（更多的是城镇居民）要素需求的减少，非技术劳动要素价格出现上升而技术劳动技术要素价格趋于下跌，导致收入差距的缩小，这是典型的要素价格机制。

6.5　本章小结

本章试图从实证的角度回答这样一个问题：作为开放的典型模式，对外贸易和外国直接投资对中国城镇内部居民收入差距、农村内部居民收入差距和城乡之间居民收入差距有着怎样的影响？本章对这个问题做了严谨细致的实证研究。

由于省际农村内部和城镇内部居民收入差距的数据难以全部获得，所以本章对农村内部和城镇内部居民收入差距的分析都采纳全国水平的时间序列数据。从全国水平的农村基尼系数和城镇内部基尼系数来看，我国改革开放之后，农村和城镇内部居民收入差距程度一开始都经历了小幅的缩小，随着经济体制改革、宏观经济的调控和经济周期的波动，农村和城镇内部居民的收入差距程度也开始了震荡上行的过程。总的来说，我国城镇居民内部的收入差距程度要低于农村居民内部收入差距程度，而在1978～2006年间，我国城镇居民收入差距的变化程度要明显高于农村居民。

从时间序列的计量结果来看，从长期来看，贸易开放和外资开放对农村地区和城镇地区的影响恰恰相反，对农村地区的居民收入差距有缩小效应，而对于城镇地区居民收入差距有扩大的效应。笔者认为由于农村劳动力的单一属性使得外贸的要素价格价值、需求偏好机制、技术进步机制和劳动力市场弹性机制以及外资的技术外溢机制都不能给予农村内部收入差距给予很好解释，不过，从农村居民收入构成来看，开放所带来的农村居民非农就业机会增加，进而弱化了自然资源禀赋对农村居民收入差距的影响，加上农村劳动力普遍的非技术性，导致了对农村内部收入差距的弥合效应。对于城镇居民收入而言，笔者认为城镇劳动力可划分为高技术密集型和低技术密集型，在贸易技术进步机制、劳动力市场弹性机制以及外资的技术外溢机制的作用下，导致城镇居民收入差距的扩大。

本章还利用面板数据研究了贸易开放和投资开放对城乡之间居民收入的影响。笔者检验了变量序列的平稳性，并对变量之间是否存在协整关系做了判断，回归结果表明贸易开放和投资开放都有利于缩小城乡之间居民收入的差距，这符合要素价格机制的逻辑判断。从具体的开放形式来看，外国直接投资对城镇、农村居民收入的拉动作用以及对城乡居民收入差距的弥合效应都要大于外贸的作用。

第7章 实证研究：对外贸易、FDI与城乡居民收入结构

在前面章节已经论述了对外贸易、FDI对中国城乡居民收入增长和差距的影响，为了更好地认识对外开放对中国城乡居民收入的影响，本章将详细地剖析对外贸易、FDI与中国城乡居民收入结构的关系。典型的二元经济结构导致我国城镇和农村居民收入的构成存在明显差异，因此，本章对城乡居民收入结构的研究依然是分开实证，再对比分析。

20世纪80年代农村经济改革中的一个重大制度安排，是使农户成为独立的生产单位，农民获得配置这一经济实体资源的自主权。绝大多数农户面临的资源条件是土地、资金短缺而劳动力过剩，土地的流转还受到种种政策限制，导致农民在尽可能改善现有农业生产资源使用效率的同时，将生产要素，尤其是家庭剩余劳动力投入非农产业活动，农村居民家庭这样的劳动力配置结构一方面带来了农民家庭收入总量的持续增加，另一方面就是农民家庭收入结构发生显著改变，农民家庭经营性收入在其家庭总收入中的比重不断下降，而其他形式的收入比重不断上升。本章就是要实证分析对外贸易和FDI对农村居民家庭收入结构的变迁。

在农村家庭收入结构变化的同时，城镇居民家庭的收入结构也在发生改变。在改革开放之初，城镇居民收入保持了传统计划经济体制的特征，工资性收入占绝大部分的比例，随着国有企业承包制、股份制改革的推进和深化、非国有企业的大力发展以及对外开放层次的不断提高，我国城镇居民收入结构也逐渐呈现多样化的格局。本章另一方面就是实证研究对外贸易、FDI对城镇居民收入结构的影响。

本章结构如下安排：第1节将描述分析我国农村居民收入结构的变迁；第2节描述城镇居民收入结构的变迁；第3节利用面板数据，实证研究贸易开放、FDI对农村和城镇内部居民收入结构的影响；第4节是对本

章研究结论的小结。

7.1 中国农村居民收入结构变迁

通过查阅每年的《中国农村统计年鉴》，可获得全国水平和省际水平的农村居民收入结构的数据。由于我国农村居民收入结构的变迁，导致统计口径也发生改变，1993 年之前，统计年鉴中将农村居民收入划分为从集体统一经营中得到的收入、从经济联合体中得到的收入、家庭经营纯收入和其他非借贷性收入；1993 年之后，统计年鉴中将农村居民收入划分为基本收入（其中包括劳动者报酬收入和家庭经营纯收入）、转移性收入和财产性收入。可以看出，从可获得的统计数据角度，仅有家庭经营纯收入在 1993 年前后是连续的。

表 7 - 1 是 1993 ~ 2006 年全国水平农村居民收入结构的变化。1993 年工资性收入比例为 21. 10%，经营性收入比例为 73. 62%，财产性收入比例是 4. 48%，转移性收入比例为 0. 76%。从每一年这四个数据的具体变化来看，工资性收入比例不断增加，到 2006 年增加到 38. 33%，增加了 17. 23 个百分点；经营性收入到 2006 年下降了 19. 79 个百分点，达到 53. 83%；财产性收入也下降了 1. 68 个百分点，达到 2. 80%；转移性收入增加了 4. 28 个百分点，达到 5. 04%。从四个指标的变化幅度来看，变化最大的是转移性收入比例，增加幅度达到 463. 16%；其次是工资性收入比例，增加幅度为 81. 66%，而财产性收入和经营性收入下降幅度分别是 37. 5% 和 26. 88%。

表 7 - 1　　全国水平农村居民收入结构：1993 ~ 2006 年

年度	工资性收入比例（%）	经营性收入比例（%）	财产性收入比例（%）	转移性收入比例（%）
1993	21. 10	73. 62	4. 48	0. 76
1994	21. 54	72. 22	3. 90	2. 34
1995	22. 42	71. 36	3. 63	2. 60
1996	23. 41	70. 74	3. 64	2. 21
1997	24. 62	70. 46	3. 79	1. 13
1998	26. 53	67. 81	4. 26	1. 40

续表

年度	工资性收入比例（%）	经营性收入比例（%）	财产性收入比例（%）	转移性收入比例（%）
1999	28.51	65.53	4.53	1.43
2000	31.17	63.34	3.50	2.00
2001	32.62	61.68	1.98	3.71
2002	34.19	60.49	2.06	4.00
2003	35.02	58.78	2.51	3.69
2004	34.00	59.45	2.61	3.93
2005	36.08	56.67	2.72	4.53
2006	38.33	53.83	2.80	5.04

资料来源：《中国农村统计年鉴》。

图7－1是对表7－1数据的进一步刻画，从图中可以明显看出工资性收入比重的提高和家庭经营收入比重的下降。因为仅有家庭经营收入比例1993年前后是连续的，图7－2报告了我国农民家庭经营性收入比例从1983～2006年间的变化趋势。从图中可以看出，在1992年之前，我国农村居民家庭经营收入比例变化并不是很大，而且还处于小幅上升状态，说明在改革开放之初，因为激发了农民的农业生产积极性，农村家庭经营收入增长明显；1992年的家庭经营收入在我国农村居民总收入中的比重开始了显著下降的趋势，这是因为改革开放给农村居民提供了很多就业的机会，农村剩余劳动力开始了向非农行业的转移，家庭经营收入比重不断下降而工资性收入比重不断上升。

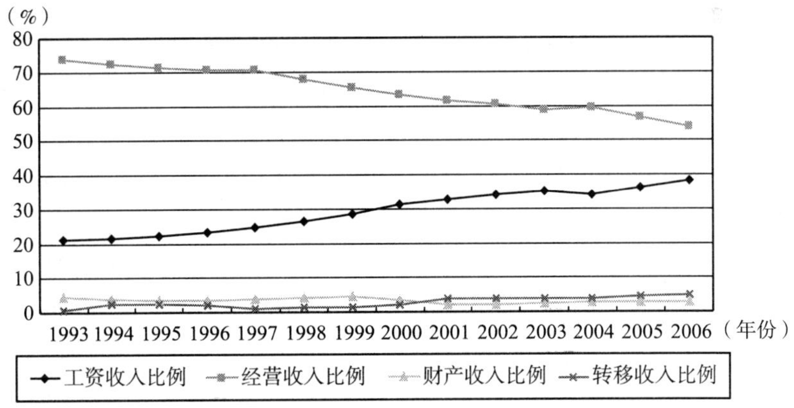

图7－1 全国水平农村居民收入结构变化趋势：1993～2006年

资料来源：《中国农村统计年鉴》。

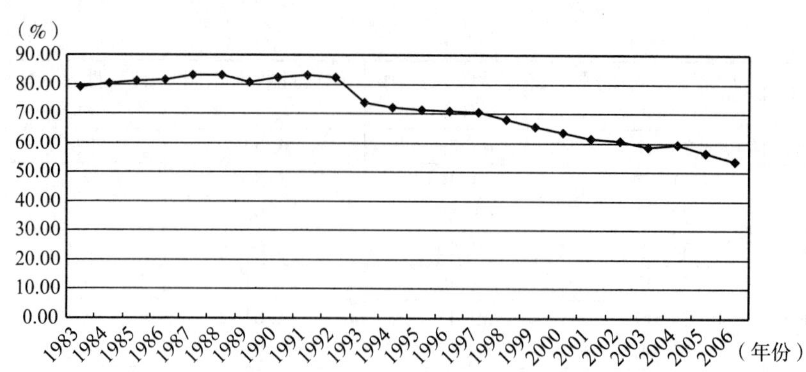

图7-2　全国水平农村居民经营性收入比例结构变化趋势：1983~2006年

资料来源：《中国农村统计年鉴》。

表7-2是省际农村家庭经营收入比例在1984年和2006年度的对比情况。在1984年和2006年，东部地区的家庭经营收入在农村家庭人均收入中的比例要显著低于中、西部地区，而中、西部地区之间的差异不大。不过，相对于1984年，东、中、西部三个地区的家庭经营收入比重有很大程度的下降，东部地区下降幅度为39.37%，中部地区是28%，而西部地区是27.21%。在1984年农村家庭经营收入比重最低的是北京市，为33.60%，最高的是内蒙古，为90.34%；在2006年，农村家庭经营收入比重最低的是上海市，为8.40%，最高的是新疆，为84.87%，可以看出，从地域来看，收入结构的差异还是非常大的，2006年的差异要大于1984年。

表7-2　　　省际农村家庭经营收入比例：1984年、2006年

地区	1984年经营性收入比例（%）	2006年经营性收入比例（%）	变化率（%）
北京	33.60	23.65	29.62
福建	80.73	51.33	36.42
广东	78.43	33.34	57.49
河北	80.61	53.65	33.44
江苏	73.04	39.07	46.50
辽宁	73.45	54.05	26.41
山东	83.12	55.16	33.64
上海	37.74	8.40	77.74

续表

地区	1984年经营性收入比例（%）	2006年经营性收入比例（%）	变化率（%）
天津	50.68	43.47	14.23
浙江	75.18	42.05	44.07
东部	66.66	40.42	39.37
安徽	86.86	54.49	37.27
河南	84.19	64.65	23.21
黑龙江	84.17	70.98	15.67
湖北	85.36	61.27	28.22
湖南	84.40	51.43	39.06
吉林	88.84	70.22	20.96
江西	86.53	53.87	37.75
内蒙古	90.34	72.00	20.30
山西	73.11	51.02	30.21
中部	84.87	61.10	28.00
甘肃	85.68	60.54	29.35
广西	87.72	61.57	29.82
贵州	87.18	56.07	35.69
宁夏	84.76	60.22	28.95
青海	86.04	58.28	32.27
陕西	83.80	53.95	35.62
四川	85.37	52.84	38.10
新疆	85.99	84.87	1.31
云南	83.94	72.50	13.63
西部	85.61	62.31	27.21

注：未列入海南、西藏和重庆。
资料来源：《中国农村统计年鉴》，《新中国五十五年统计资料汇编》。

表7-3是省际农村居民收入结构。可以看出，一方面东部地区的工资性收入比例要显著高于中、西部地区，而经营性收入比例要显著低于中、西部地区。另一方面，东部地区的财产性收入比例也高于中、西部地区，而转移性收入比例西部地区最高，东部其次，中部最低。从具体省份来看，工资性收入比例最高的是上海市，达到73.16%，最低的是新疆，为9.28%；财政性收入比例最高的是北京市，达到8.20%，最低是湖北省，为0.76%；转移支付比重最高的是上海市，达到12.33%，最低的是广西，为2.53%。

表7-3　　　　省际农村居民收入结构：2006年

2006年	工资比例（%）	经营收入比例（%）	财产比例（%）	转移比例（%）
北京	60.99	23.65	8.20	7.16
福建	38.38	51.33	2.35	7.94
广东	57.21	33.34	4.35	5.10
海南	17.07	76.39	1.52	5.02
河北	39.84	53.65	2.83	3.68
江苏	53.41	39.07	3.07	4.45
辽宁	36.66	54.05	3.47	5.83
山东	38.26	55.16	2.92	3.65
上海	73.16	8.40	6.11	12.33
天津	52.15	43.47	2.03	2.35
浙江	48.74	42.05	4.25	4.96
东部	46.90	43.69	3.74	5.68
安徽	39.88	54.49	1.78	3.85
河南	31.36	64.65	1.24	2.75
黑龙江	18.43	70.98	4.10	6.49
湖北	35.07	61.27	0.76	2.90
湖南	42.77	51.43	1.25	4.55
吉林	16.62	70.22	5.16	8.01
江西	41.66	53.87	1.02	3.46
内蒙古	17.68	72.00	2.54	7.78
山西	43.21	51.02	2.34	3.43
中部	31.85	61.10	2.24	4.80
甘肃	29.87	60.54	2.46	7.14
广西	35.10	61.57	0.81	2.53
贵州	36.05	56.07	1.86	6.02
宁夏	29.82	60.22	1.93	8.03
青海	27.70	58.28	4.27	9.75
陕西	37.53	53.95	2.33	6.20
四川	40.62	52.84	1.76	4.78
西藏	23.34	57.93	6.41	12.32
新疆	9.28	84.87	2.14	3.71
云南	19.63	72.50	3.65	4.21
重庆	45.58	46.96	0.95	6.51
西部	30.41	60.52	2.60	6.47

资料来源：《中国农村统计年鉴》、《新中国五十五年统计资料汇编》。

7.2 中国城镇居民收入结构变迁

如同农村居民收入结构一样，城镇居民收入结构在改革开放之后也变化明显，导致中国统计年鉴上的统计口径也相应改变。在 1997 年之前，将城镇家庭居民收入划分为国有单位职工工资、集体单位职工工资、其他经济类型单位职工全部工资、职工从单位得到的其他收入和转移收入；1997 ~ 2001 年，城镇居民收入结构划分为：国有单位职工收入、集体单位职工收入、其他经济类型单位职工全部收入、财产性收入和转移收入五类；从 2002 年开始，划分为工薪收入、经营性收入、财产性收入和转移性收入五类。而在 1992 年之前的城镇居民收入结构，缺少详细统计。

表 7 - 4 是城镇居民 2002 ~ 2006 年的收入结构，如上所述，在此阶段城镇居民收入划分为四类：工薪收入比例、经营收入比例、财产性收入比例和转移性收入比例，与 1993 年之后的农村居民收入构成的划分取向一致。尽管仅有 5 年时间，也可以发现，工薪收入比例和转移性收入比例在城镇居民收入结构中所占比例趋于减少，而经营收入比例和财产性收入比例趋于增加。将 2006 年城镇居民收入结构与农村居民收入结构对比，可以发现城镇居民主要收入来源是工薪收入（占比 68. 93%），而农村居民主要收入来源是家庭经营收入（占比 53. 83%），农村居民财产性收入比例（2. 80%）要略高于城镇居民（1. 92%），而城镇居民转移性收入比例（22. 79%）却远高于农村居民（5. 04%）。

表 7 - 4　　城镇居民收入结构：2002 ~ 2006 年　　单位：%

年份	工薪收入比例	经营收入比例	财产性收入比例	转移性收入比例
2002	70. 19	4. 06	1. 25	24. 50
2003	70. 74	4. 46	1. 49	23. 31
2004	70. 62	4. 88	1. 59	22. 91
2005	68. 88	6. 00	1. 70	23. 41
2006	68. 93	6. 36	1. 92	22. 79

资料来源：《中国统计年鉴》。

为了拓展我们分析的时间区间，笔者仔细对比了城镇居民收入结构的划分，将2002年之前的城镇居民的国有单位职工工资、集体单位职工工资和职工从单位得到的其他收入均看做是工薪收入，而城镇居民从其他经济类型单位得到的全部收入看做是经营净收入，这样可以得到1992～2006年间城镇居民工薪收入和经营净收入的变化趋势，见图7－3，可以看出在这期间，城镇居民工薪收入比例逐渐递减，而经营性收入比例有震荡递升的趋势。

表7－5是2006年省际城镇居民收入结构。从表中可以看出，工薪收入比例在东部要低于中部，且中部低于西部，但相差并不是很大；经营收入比例中部地区要略高于东、西部地区；财产性收入比例和转移性收入比例东部要高于中、西部地区。

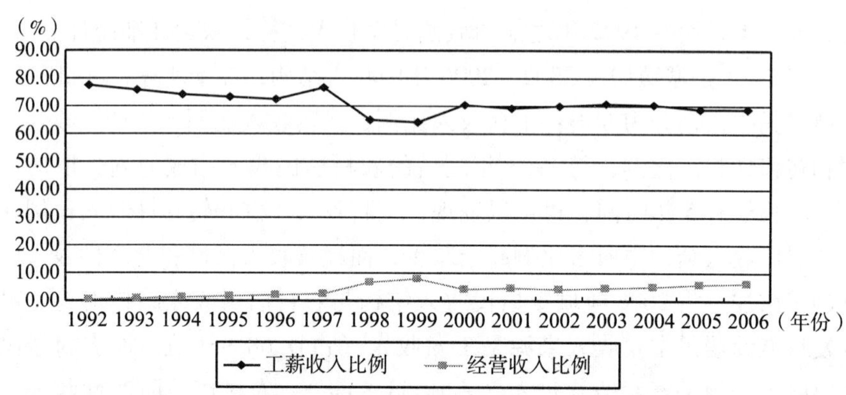

图7－3　城镇居民收入结构变化趋势：1992～2006年

资料来源：《中国统计年鉴》。

表7－5　　省际城镇居民收入结构：2006年

地区	工薪收入比例(%)	经营收入比例(%)	财产收入比例(%)	转移收入比例(%)
北京	72.64	1.05	1.21	25.10
福建	67.30	6.33	3.37	22.99
广东	73.52	7.56	3.19	15.74
海南	68.98	7.21	2.29	21.51
河北	64.90	7.16	1.04	26.90
江苏	62.31	8.26	1.70	27.73
辽宁	58.87	6.13	1.30	33.69
山东	78.97	4.22	1.67	15.14

续表

地区	工薪收入比例（%）	经营收入比例（%）	财产收入比例（%）	转移收入比例（%）
上海	70.22	4.20	1.32	24.26
天津	59.83	4.80	1.07	34.30
浙江	65.23	10.89	4.45	19.43
东部	67.52	6.16	2.06	24.25
安徽	70.27	6.43	1.40	21.89
河南	66.36	7.45	1.25	24.93
黑龙江	62.00	10.62	1.02	26.36
湖北	71.90	4.62	1.17	22.31
湖南	66.41	8.34	2.58	22.67
吉林	64.19	7.67	1.14	26.99
江西	68.88	6.52	1.07	23.53
内蒙古	69.86	8.84	1.94	19.37
山西	72.98	3.49	1.48	22.05
中部	68.09	7.11	1.45	23.34
甘肃	73.11	4.21	0.34	22.35
广西	69.83	8.38	1.79	19.99
贵州	68.94	9.39	1.28	20.39
宁夏	64.49	9.79	0.89	24.83
青海	64.43	5.75	0.64	29.17
陕西	70.02	3.11	1.77	25.11
四川	65.99	6.37	2.57	25.07
西藏	78.74	4.09	2.28	14.89
新疆	77.31	6.14	0.60	15.95
云南	63.43	4.95	4.31	27.31
重庆	73.84	4.19	1.54	20.44
西部	70.01	6.03	1.64	22.32

资料来源：《中国统计年鉴》、《新中国五十五年统计资料汇编》。

7.3　对外贸易、FDI与城乡居民收入结构的实证研究

城乡居民收入结构可选择工薪收入比例描述。对农村居民研究的时间跨度为1983～2006年，对于农村地区1993年之前的工资性收入，笔者取

集体统一经营中得到的收入和从经济联合体中得到的收入的两者之和；而对城镇居民收入结构的时间跨度从1992~2006年，对于2002年之前城镇居民工薪收入计算，取国有单位单位职工收入、集体单位职工收入和职工从单位得到的其他收入三项指标之和。因为统计数据缺失的关系，对于农村居民收入结构的研究，没有涵盖西藏、重庆和海南三个省市，一共有28个省市横截面样本；对城镇居民收入结构的研究，没有涵盖西藏和重庆，包括了29个省市的横截面样本，横截面数据有助于弥补我们研究时间跨度较小的不足。

表7-6是变量的描述性统计分析，其中ruralwage表示农村居民收入结构的比重（%）；fdiopen和tradeopen分别表示外资开放度和外贸开放度；Lnrurali表示农村居民的人均收入的对数形式（元）；Lnurbani表示城镇居民的人均收入的对数形式（元）；Lncapital表示人均社会资本投入的对数形式（元/人）。

表7-6　　变量的描述性统计

	变量名	观察值	均值	标准差	最小值	最大值
农村居民收入结构	ruralwage	644	22.1337	17.0941	0.4900	79.0600
	fdiopen	644	2.1031	3.0562	0.0011	18.7465
	tradeopen	644	24.7629	37.5053	0.7694	228.7760
	Lnrurali	644	6.0968	0.4475	5.3248	7.3713
	Lncapital	644	-1.8016	0.8889	-3.5655	0.8893
城镇居民收入结构	urbanwage	435	72.8022	6.3440	51.5700	87.0900
	fdiopen	435	3.2510	3.8956	0.0064	24.2042
	tradeopen	435	30.8349	42.4546	3.1644	228.7760
	Lnurbani	435	7.1004	0.3652	6.3871	8.1874
	Lncapital	435	-1.4824	0.8430	-3.3748	0.8893

资料来源：《中国统计年鉴》、《中国农村统计年鉴》、《新中国五十五年统计资料汇编》。

表7-7和表7-8分别是对各变量序列的单位根检验，从表7-7报告的结果来看，对于农村居民工资收入比重（ruralwage）变量，在Breitung方法下，拒绝了单位根的假设，不过在其他四种方法下都接受了单位根假设，因此，总的来说还是认为ruralwage序列是具有单位根的；从所有序列的差分后的检验来看，至少在5%水平上拒绝了单位根假设，表明

一阶差分之后，序列表现出了平稳性。

表7-7　　面板数据单位根检验：农村居民收入结构

统计量	ruralwage	tradeopen	fdiopen	Lnrurali	Lncapital
LLC	2.9937	-1.1456	1.1805	6.7297	-0.9802
Breitung	-1.9807**	0.1615	0.0892	2.0152	6.4199
IPS	7.6933	-0.1688	1.8340	13.1071	3.2177
Fisher-ADF	6.4327	56.8715	50.6971	1.0599	59.1157
Fisher-PP	6.5145	48.2053	40.8134	0.8952	8.1052
ΔLLC	-18.3247***	-16.7365***	-10.1213***	-14.7925***	-7.4887***
ΔBreitung	-12.4287***	-8.2794***	-6.0244***	-11.1966***	-5.7237***
ΔIPS	-16.5811***	-13.6621***	-11.1806***	-14.2852***	-3.3405***
ΔFisher-ADF	307.6630***	259.8510***	218.8870***	271.2720***	83.9643***
ΔFisher-PP	603.1030***	344.5250***	270.9500***	307.9540***	79.0170**

注：***、**、*分别表示在1%、5%和10%水平上显著。

表7-8　　面板数据单位根检验：城镇居民收入结构

统计量	urbanwage	tradeopen	fdiopen	Lnurbani	Lncapital
LLC	-2.7485***	-4.6961***	-3.5803***	-8.1515***	2.4738
Breitung	-3.1806***	4.1598	-0.9034	0.2177	-0.07613
IPS	0.6822	0.5226	-2.5764***	1.6166	8.9831
Fisher-ADF	47.8510	62.0075	68.2796	46.6342	41.2337
Fisher-PP	52.2643	50.7878	42.2420	34.9633	39.9165
ΔLLC	-14.6464***	-19.5523***	-13.2890***	-12.1846***	-7.0407**
ΔBreitung	-12.3867***	-6.8341***	-1.8337**	-7.2342***	-1.7751***
ΔIPS	-9.1874***	-11.4879***	-9.7315***	-8.1565***	-5.3321***
ΔFisher-ADF	181.2540***	220.4720***	193.3820***	166.8090***	126.5640***
ΔFisher-PP	253.9780***	194.9430***	254.4380***	210.3790***	263.4280***

注：***、**、*分别表示在1%、5%和10%水平上显著。

从表7-8的结果来看，尽管城镇居民工资收入比重（urbanwage）在LLC和Breitung方法下，贸易开放度（tradeopen）和城镇居民收入水平（Lnurbani）在LLC方法下，以及投资开放度（fdiopen）在LLC和IPS方法下，均拒绝了单位根假设，但是在其他多数的检验方法下都接受了单位根假设，表明总体上是非平稳的。从一阶差分之后来看，所有变量至少在

5%水平上拒绝了单位根假设。

表 7－9 是面板数据协整检验的结果，从农民收入结构的分析来看，仅在 Panel v 和 Kao 统计量不显著，表明没有协整关系，其他 6 个统计量都表明变量之间存在协整关系，因此，总的来说变量之间还是存在协整关系；从城镇居民收入结构研究来看，8 个统计量都一致表明变量之间存在协整关系。

表 7－9　　面板数据协整检验

Pedroni（Engle-Granger based）	农村居民收入结构		城镇居民收入结构	
	Statistic	Prob	Statistic	Prob
Panel v-Statistic	－0.75	0.302	－3.09	0.003
Panel rho-Statistic	2.22	0.034	5.20	0.000
Panel PP-Statistic	－5.42	0.000	－4.73	0.000
Panel ADF-Statistic	－7.89	0.000	－6.36	0.000
Group rho-Statistic	3.81	0.000	6.84	0.000
Group PP-Statistic	－8.33	0.000	－12.02	0.000
Group ADF-Statistic	－8.50	0.000	－7.17	0.000
Kao（Engle-Granger based）	－1.19	0.117	－1.70	0.045

表 7－10 描述的是对农村居民收入结构的回归结果，所采用方法与前面章节一致。从 tradeopen 的系数来看，仅在 OLS 方法下得到的系数具有显著性，在其他 6 个回归方程中都并不显著，可以看出贸易开放对农村居民的工资收入比例是没有影响的；与 tradeopen 系数相反，fdiopen 系数在 7 个回归方程中均非常显著，且正的系数说明对外国直接投资的开放度越大，那么农村居民收入中工资性收入比例就会越高。从 Lnrurali 和 Lncapital 的系数来看，表明农村居民收入水平越高、地区资本投入越大，那么农村居民收入中工资性收入比例也越高。

表 7－10　　对外贸易、FDI 与农村居民收入结构

	OLS	固定效应	DOLS－0	DOLS－1	DPD－1	DPD－2	DPD－3
	(1)	(2)	(3)	(4)	(5)	(6)	(7)
L1					0.6761	0.6517	0.6310
					(18.47)***	(14.16)***	(13.36)***

续表

	OLS	固定效应	DOLS－0	DOLS－1	DPD－1	DPD－2	DPD－3
L2						0.1093	0.1218
						(2.46)***	(2.35)***
L3							0.0386
							(0.84)
tradeopen	0.0401	－0.0138	0.0016	0.0172	0.0037	－0.0019	－0.0032
	(2.77)***	(1.24)	(0.13)	(1.16)	(0.431)	(－0.21)	(－0.36)
fdiopen	0.5328	0.5577	0.5552	0.2965	0.4371	0.4020	0.3852
	(3.07)***	(5.33)***	(4.72)***	(2.12)**	(5.789)***	(5.22)***	(4.84)***
Lnrurali	14.0554	9.9273	10.7431	9.3817	2.5116	1.6690	1.4567
	(7.41)***	(5.11)***	(5.05)***	(3.93)***	(1.49)	(0.99)	(0.85)
Lncapital	7.3918	9.7147	9.1314	9.2513	2.8857	1.9966	1.5441
	(8.05)***	(10.44)***	(9.15)***	(8.37)***	(3.36)***	(2.25)**	(1.63)
Constant	－52.3559	－21.7195	－28.2809	－21.0317	－3.1941	－0.9899	－0.8565
	(4.06)***	(1.62)	(1.94)*	(1.29)	(－0.28)	(－0.08)	(－0.07)
Obs	644	644	616	560	588	560	532
R-squared	0.71	0.80	0.80	0.82			
Number		28	28	28			
AIC			3701.04	3289.87			
BIC			3740.85	3363.44			
Wald					4108.96	4521.48	4686.90
P					0.0000	0.0000	0.0000

注：***、**、*分别表示在1%、5%和10%水平上显著。

表7－11描述的是对城镇居民收入结构的回归结果，从tradeopen的系数来看，仅在因变量滞后一阶的动态面板数据模型（DPD－1）中不显著，在其他6个回归方程中，均有正向的影响，说明贸易越开放，城镇居民收入中工资性收入比例会越高；从fdiopen的系数来看，仅在因变量滞后三阶的动态面板数据模型（DPD－3）中不显著，而在其他7个回归方程中都至少在10%水平上显著，不过系数为负，说明外资开放对城镇居民收入结构的影响与外贸开放相反，对外国直接投资越开放，那么城镇居民收入结构中工资性收入比例会越低；Lnrurali系数表明地区城镇经济发展越好，那么城镇居民收入中的工资性比例也会越低；而Lncapital的系数表明社会资本投入并没有对城镇居民收入结构有显著影响。

表7-11　　对外贸易、FDI与城镇居民收入结构

	OLS	固定效应	DOLS-0	DOLS-1	DPD-1	DPD-2	DPD-3
	(1)	(2)	(3)	(4)	(5)	(6)	(7)
L1					0.6099	0.6600	0.6279
					(13.45)***	(11.96)***	(11.09)***
L2						-0.1200	-0.0286
						(-2.15)**	(-0.43)
L3							-0.1220
							(-2.08)**
tradeopen	0.0235	0.0532	0.0632	0.1137	0.02102	0.0400	0.0802
	(2.87)***	(4.23)***	(3.99)***	(4.37)***	(1.53)	(2.15)**	(3.09)***
fdiopen	-0.3192	-0.4967	-0.4864	-0.6206	-0.2336	-0.2576	0.1126
	(-4.14)***	(-5.75)***	(-4.45)***	(-4.04)***	(-1.93)*	(-1.93)*	(0.64)
Lnrurali	-3.4494	-9.7048	-9.3151	-9.6785	-5.5072	-5.8064	-4.8840
	(-2.76)***	(-4.53)***	(-3.68)***	(-2.45)**	(-2.46)**	(-2.43)**	(-1.73)*
Lncapital	-3.6761	-0.9862	-1.1945	-2.0216	0.2945	-0.0546	-1.3352
	(6.49)***	(0.89)	(0.95)	(0.98)	(0.26)	(-0.04)	(-0.88)
Constant	92.1579	140.2212	137.2736	136.7777	66.6080	73.2106	69.3911
	(9.61)***	(8.39)***	(7.02)***	(4.49)***	(3.68)***	(3.76)***	(2.99)***
Obs	435	435	406	348	377	348	319
R-squared	0.42	0.47	0.44	0.42			
Number		29	29	29			
AIC			2184.91	1868.90			
BIC			2220.97	1934.38			
Wald					737.07	599.19	562.70
P					0.0000	0.0000	0.0000

注：***、**、*分别表示在1%、5%和10%水平上显著。

7.4 对计量结果的讨论

从本章的计量结果来看，贸易开放对农村居民收入结构没有明显影响，而对外国直接投资越开放，农村居民收入中工资性收入比重越高。在我国，农产品国际贸易的增加给农村居民带来的影响更多是家庭经营性收入的增加，而局限于我国农产品贸易整体比重较小，集中在少数几个东部

省份，并没有对整体农民收入结构产生显著的影响。[①] 与对外贸易不同的是，虽然东部地区吸引了全国大部分的外国直接投资，但是大量的农村剩余劳动力向沿海地区的转移，形成的民工潮，直接增加了农村居民工资收入比例。[②③] 表明贸易虽然可通过要素价格机制、技术进步机制和劳动力市场弹性机制影响农村居民收入，但过小的农产品贸易比重和狭隘的地域分布并不能带来全体农村居民收入结构的改变；而对农村居民工资收入的增加，更多地来自于外国直接投资所带来的非农就业机会。

贸易开放和对外国直接投资开放都会显著影响到城镇居民收入结构，不过效果相反，贸易开放会显著提高城镇居民的工资收入比例，而对外国直接投资开放却显著缩小城镇居民工资收入比例。对城镇居民总体而言，贸易开放带来的出口增加了对城镇居民劳动力的需求，尽管在我国技术含量低的产品占据出口的大部分，但这部分产品生产所衍生的低技术劳动职位显然直接增加了对城镇居民劳动力的需求，进而从整体上增加了城镇居民工资性收入比例；而贸易的劳动力市场弹性机制直接会增加城镇居民工资更能体现其劳动力价值，使得城镇居民工资收入总体上得到增加；从外资来看，外国直接投资的“技术溢出”机制所带来的社会生产的技术进步，使得原有的一部分城镇非技术型职工被劳动力市场所淘汰，不得不寻求其他收入来源，从而降低了城镇职工工资性收入比例；外国直接投资大部分都集中在城镇或周边地区，在产业链条的带动下，为城镇居民从事个私经营提供了机会；外国直接投资也会导致城镇土地价格，房屋出售和出租价格的高涨，带来了城镇居民财产性收入的提高。

---

① 对外贸易的主导产品更多的是工业制成品，一方面农产品在我国对外贸易中的比重呈逐年下降趋势，到 2006 年仅占全部进出口商品的 3.61%；另一方面，我国农产品贸易一致以东部地区为主，在 2007 年，东部地区出口额占全国 76.7%，进口额占全国 94.4%，而且大部分集中在山东、广东、江苏、辽宁少数几个省份，对全国整体水平农村居民的收入影响有限。数据来源于农业部网站和《中国农业年鉴》。

② 根据《中国统计年鉴》的数据，虽然最近几年中、西部地区吸引外资有所增加，但是到 2006 年东部地区吸引外国直接投资依然高达全国的 81.09%。

③ 据国家统计局农调总队对全国 30 个省（区、市）6 万多农户、18 万多农村劳动力进行的抽样调查，2001 年我国农村外出劳动力占农村劳动力总量的比重为 18.6%，转向东部地区的比重为 84.2%。http：//www.china.com.cn/chinese/PI－c/141135.htm.

7.5 本章小结

与前面章节不同的是，本章研究的农村和城镇居民收入结构的变化。自改革开放以来，伴随着我国城乡居民收入增长的同时，其各自的收入构成均改变明显，甚至表现为逐年编写的统计年鉴，都不得不改变统计科目和口径来适应变化。在城乡居民收入结构变化的背后，有着各种各样的原因，本章就是要研究对外贸易和FDI对城乡居民收入结构变化的具体影响。

对于中国农村居民而言，在改革开放之初，家庭联产承包责任制极大地解放了农民从事农业生产的积极性，导致农民收入构成中经营性收入比例还有所上升。不过，随后的对外开放和经济的快速发展，提供了大量的就业机会，为农村家庭剩余劳动力的转移提供了契机，在农村居民收入结构中，表现为工资性收入比例的不断上升而经营性收入比例不断下降。

对于中国城镇居民而言，在改革开放之初，城镇居民的绝大部分收入都是来自于国有企业或者集体企业的工资，而随着国企改革和对外开放的推进，私有企业获得了广阔发展，城镇居民的构成中工资性收入比例有下降趋势，而经营性收入有上升趋势。不过，总的来说，城镇居民收入结构的改变还是要小于农村居民。

从计量检验结果来看，贸易开放对农村居民收入结构并没有表现出明显影响，而对外国直接投资越开放，农村居民收入中工资性收入比例越高。笔者认为大体因为我国农产品贸易比重过小且地域分布过于集中，而外国直接投资的增加直接提供了农村居民非农就业的机会，导致农村居民工资性收入比重的增加；贸易开放和对外国直接投资开放都会显著影响到城镇居民收入结构，不过效果相反，贸易开放会显著提高城镇居民的工资收入比例，而对外国直接投资开放却显著缩小城镇居民工资收入比例。因为外贸给城镇居民提供的更多的是就业机会，而外资所带来的更多的是城镇居民经营性收入和财产性收入的增加。

第 8 章　主要结论与研究展望

8.1 主要结论

结论一：对外贸易开放与外资开放程度越高，城镇和农村居民收入增长的越快。

改革与开放一直是我国经济在 30 年内保持高速持续增长重要动力，在 30 年的开放过程中，我国居民收入也显著增长。开放的诸多形式中最主要的是对外贸易与吸收外国直接投资，那么他们与中国城乡居民收入增长的关系如何？从研究结论来看，贸易开放和外资开放都会对农村居民和城镇居民有着非常明显的影响，而且越开放，城乡居民收入增加的就越快，这符合古典经济理论的逻辑：开放可以提高专业化分工，可以按照比较优势分配资源以提高效率，也有利于对吸收他国先进的知识和技能，国际市场的开放和竞争都会提高本土企业生产能力，这些都会提高一国生产效率，增加社会财富，提高居民收入。具体从系数来看，外国直接投资对城镇和农村居民收入的拉动作用要大于对外贸易。

结论二：从长期来看，贸易开放和外资开放对农村地区和城镇地区的作用相反，对农村地区的居民收入差距有缩小的效应，而对于城镇地区居民收入差距有扩大的效应；贸易开放和投资开放都有利于缩小城乡之间居民收入的差距。

在城乡居民收入大幅度增长的同时，收入差距也逐渐拉大，不利于经济的持续发展和社会稳定地步。对于收入差距有多种维度可来刻画，包括地区差距、行业差距、城乡差距等等，本书选择较为关注的城乡收入差距、城镇内部收入差距和农村内部收入差距的三个维度。从时间序列的计量结果来看，从长期来看，贸易开放和外资开放对农村地区和城镇地区的作用相反，对农村地区的居民收入差距有缩小的效应，而对于城镇地区居民收入差距有扩大的效应，说明开放给我国农村居民带来的非农收入有利于弥合自然禀赋差异导致的农村内部收入差距，而城镇内部技术劳动力对技术溢出的吸收效率要高于非技术劳动力；从短期来看，贸易开放和外资开放对农村和城镇居民收入内部差距影响大体一致，贸易开放对农村和城镇内部居民收入差距有负的渐增的影响，而外资开放对农村和城镇内部居民收入差距影响的过程是先正后负。

面板数据的基础上，笔者发现贸易开放和投资开放都有利于缩小城乡之间居民收入的差距。这与经典的FPE和SS定理是一致的，发展中国家的开放，带来非技术密集型（unskilled）产品生产的增加和技术密集型（skilled）产品生产的减少，进而导致对非技术劳动（更多的是农村居民）要素需要的增加和技术劳动（更多的是城镇居民）要素需求的减少，非技术劳动要素价格出现上升而技术劳动技术要素价格趋于下跌，收入差距逐渐缩小。

结论三：贸易开放对农村居民收入结构并没有表现出明显影响，而对外国直接投资越开放，农村居民收入中工资性收入比例越高；贸易开放会显著提高城镇居民的工资收入比例，而对外国直接投资开放却显著缩小城镇居民工资收入比例。

在城乡居民收入增长、收入差距不断扩大的同时，另一个值得研究的问题是，城乡居民收入结构都发生了重大变化，城镇和农村居民的收入来源都表现多样化，且新的收入形式逐渐取代了旧的收入形式。对于农村居民而言，其工资性收入比例不断上升而经营性收入比例不断下降；城镇居民的收入结构趋势与农村相反，且城镇居民收入结构的改变要小于农村居民。从计量检验结果来看，贸易开放对农村居民收入结构并没有表现出明显影响，而对外国直接投资越开放，农村居民收入中工资性收入比例越高，这主要是因为农产品对外贸易更多影响的是农民经营性收入，且农产品贸易在整个对外贸易中较小的比重和过于集中于东部几个省份，制约了贸易开放对农村居民收入结构的影响；而外商直接投资也集中于东部沿海地区，但农村劳动力流动形成的民工潮，直接增加了农民的工资性收入。

贸易开放和对外国直接投资开放都会显著影响到城镇居民收入结构，不过效果相反，贸易开放会显著提高城镇居民的工资收入比例，而对外国直接投资开放却显著缩小城镇居民工资收入比例。说明以工业制成品为主导的我国外贸结构，给城镇居民带来更多的就业机会，而外国直接投资的增加，更多的是增加城镇经营性收入和财产性收入，导致工资性收入比例的下降。

8.2 研究展望

展望一：对于居民收入的差距，笔者仅仅选择了城乡之间的收入差距、城镇内部的收入差距和农村内部的收入差距，而并没有探讨在我国可能同样重要的行业之间的收入差距、地区之间的收入差距，甚至性别之间的收入差距问题，对这些不同维度收入差距的研究，才可以更好、更深入地理解居民收入差距问题。

展望二：对于居民收入结构的研究，因为统计指标的不连续，容易发生偏误。特别是对于城镇居民收入结构的研究，目前所能提供的结构变化时段有限，局限了我们的研究。而且对于居民收入结构仅仅划分为四个类别，在居民收入多元化发展的趋势下，我们还需要对居民收入结构做更细致的划分，并分别研究开放对每个居民收入来源的影响。

展望三：在对外贸易和外国直接投资对居民收入影响的分析中，本书并没有做更进一步的划分，譬如对外贸易可以划分为进口和出口，而外国直接投资也可以划分为市场导向型的投资和出口导向型的投资，本书并没有对各种具体形式的外贸和外资对居民收入的影响做出分析，而且本书也没有对间接利用外资、外国证券投资等其他形式的开放做进一步的研究。

参考文献

[1] 陈灿煌．农业外国直接投资与农民收入增长的动态关系［J］，经济评论，2007（5）：12－16.

[2] 陈怡，周曙东，王洪亮．外商直接投资对我国收入差距的影响［J］，世界经济研究 2009（5），71－76.

[3] 陈宗胜，经济发展中两种收入差距理论之区别［J］，学术月刊，(2008）第（2）期：75－81.

[4] 陈宗胜．倒 U 曲线的“阶梯形”变异［J］，经济研究，1994（5）：55－60.

[5] 杜军．解决城乡收入差距问题的关键［J］，经济研究参考，2007（6）：49－53.

[6] 戴枫．基于中国的经验研究——贸易自由化与收入不平等［J］，世界经济研究，2002（10）：39－46.

[7] 丁任重，陈志舟，顾文军．我国居民收入差距的演变与解析［J］，宏观经济研究，2003（11）：38－41.

[8] 郭国峰，刘孟晖．城乡居民收入差距原因探究［J］，经济问题，2007（2）：33－37.

[9] 胡志，刘志雄．中国经济开放度的测算与国际比较［J］，世界经济研究，2005（7）：10－18.

[10] 胡忠俊，龚晓莺，肖瑶．我国投资开放度实证分析［J］，贵州财经学院学报，2006（6）：47－51.

[11] 黄季焜，徐志刚，李宁辉，罗思高．新一轮贸易自由化与中国农业、贫困和环境［J］，中国科学基金 2005（3）：142－146.

[12] 金玉国，张伟，康君．市场化进程中的行业工资决定假说及其数量检验［J］，数量经济技术经济研究，2003（5）：22－26.

[13] 金智娟，安礼伟，赵曙东．对外开放对我国收入差距影响的分

析［J］，世界经济与政治论文，2007（3）：24－32.

［14］刘伟、赵三英．对外开放度研究文献评述，甘肃科技纵横，2006（4）：9－10.

［15］吕杰，张广胜．农村居民收入不均等分解：基于辽宁农户数据的实证分析［J］，中国农业大学学报，2005（4）：8－12.

［16］吕耀，王兆阳．农村居民收入水平及其分配差距的实在分析［J］，中国农村经济，2001（6）：24－28.

［17］陆迁，赵学平．中国三大经济地带农村居民收入差距研究［J］，生产力研究，2007（10）：21－25.

［18］罗汉．经济开放度与地区经济开放度的相关分析［J］，湖南大学学报，2004（5）：59－62.

［19］罗龙．大国开放度变动的动态分析［J］，数量经济技术经济研究，1990（1）：16－21.

［20］李实，罗楚亮．中国城乡居民收入差距的重新估计［J］，北京大学学报，2007（2）：111－120.

［21］李实，王亚柯．中国东西部地区企业职工输入差距的实证分析［J］，管理世界，2005（6）：16－26

［22］李实，岳希明．中国个人收入差距的最新变化［J］，财经，2004（4）：25－30.

［23］李实，赵人伟，张平．中国经济改革中的收入分配变动［J］，管理世界，1998（1）：43－54.

［24］李实．中国个人收入分配研究回顾与展望［J］，经济学季刊，2003（2）：121－125.

［25］李实，赵人伟，张平．中国经济转型与收入分配变动［J］，经济研究，1998（4）：32－36.

［26］李实，赵人伟．中国居民收入分配再研究［J］，经济研究，1999（4）：3－15.

［27］林幼平，张澍，吴艳．近年来中国居民收入差距问题研究综述［J］，经济评论，2002（6）：57－62.

［28］李世光．国际贸易、外国直接投资、技术进步和收入差距一个综合分析模型［J］，国际贸易问题，2004（6）：20－25.

［29］鲁晓东．我国对外开放与收入差距：基于地区和行业的考察

[J]，世界经济研究，2007（8）：3－11.

[30] 潘士远. 贸易自由化、有偏的学习效应与发展中国家的工资差异 [J]，经济研究，2007（6）：98－106.

[31] 史晋川，赵自芳. 所有制约束与要素价格市场扭曲 [J]，统计研究，2007（6）：42－46.

[32] 盛仕斌，徐海. 要素价格扭曲的经济效应研究 [J]，经济研究，1999（5）：66－72.

[33] 陶纪坤. 国内城乡收入差距研究观点综述 [J]，经济纵横，2007（11）：23－28.

[34] 徐水安，翟桔红. 论加入世贸组织对中国收入分配的影响 [J]，经济评论，2003（6）：25－28.

[35] 徐剑明. 对外开放与国内财富分配不均间的传导机制研究 [J]，国际贸易问题，2006（8）：18－23.

[36] 万广华，周章跃，陆迁. 中国农村收入不平等：运用农户数据的回归分解 [J]，中国农村经济，2005（5）：28－31.

[37] 王韧，任毅. 再分配公平的制度性障碍及其对策研究 [J]，财经理论与实践，2003（3）：15－17.

[38] 王韧，曾国平. 二元条件下我国居民收入差距的变动和收敛 [J]，数量经济技术经济研究，2004（3）：12－15.

[39] 王少瑾. 对外开放与我国的收入不平等——基于面板数据的实证研究 [J]，世界经济研究 2007（4）：16－20.

[40] 王小鲁，樊纲. 中国收入差距的走势和影响因素分析 [J]，经济研究，2005（10）：24－36.

[41] 王燕飞，曾国平. 就业结构与产业结构变迁 [J]，世界经济研究 2006（7）：51－57.

[42] 阎东鹏，王清容. 日元贷款与中日贸易投资：是否双赢？统计研究，2005（11）：64－68.

[43] 赵西亮，汇率变动与经济增长：面板协整分析，厦门大学学报，2008（2）：93－100.

[44] 翟银燕，孙卫. 技术和国际贸易对收入与分配的影响 [J]，系统工程理论与实践，2004（11）：21－25.

[45] 尹恒，李实，邓曲恒. 中国城镇个人收入流动性研究 [J]，经

济研究，2006（10）：30－43.

［46］赵伟，赵晓霞．关于开放条件下收入差距的理论探讨［J］，经济问题，2007（10）：7－11.

［47］赵人伟，李实．中国居民收入差距的扩大及其原因［J］，经济研究，1997（9）：19－28.

［48］赵莹．中国对外开放和收入差距［J］，世界经济文汇，2003（4）：55－70.

［49］赵耀辉，李实．中国城镇职工实物收入［J］，经济学季刊，2002（3）：575－589.

［50］赵伟．中国的城乡差距：原因反思与政策调整［J］，武汉大学学报，2004（6）：742－748.

［51］赵自芳，史晋川．中国要素市场扭曲的产业效率损失［J］，中国工业经济，2006（10）：41－48.

［52］曾国安，胡晶晶．中国城乡居民收入差距演变趋势及原因研究述评［J］，当代经济研究，2007（6）：58－60.

［53］周端明，蔡敏．中国城乡收入差距研究述评［J］，中国农村观察，2008（3）：66－74.

［54］周申，宋杨，谢娟娟．贸易自由化对中国工业就业与工资波动性的影响［J］，世界经济研究，2007（6）：44－50.

［55］张斌．收入不平等关系的根源：自由贸易还是技术进步［J］，世界经济研究，2003（2）：32－37.

［56］张海波，外商直接投资对我国的工资效应分析，国际贸易问题，2009（10）：99－105.

［57］张焕明．地区差异条件下对外开放对经济增长的影响的实证分析［J］，经济科学，2003（6）：28－36.

［58］章奇．文明兴等．中国的金融中介增长与城乡收入差距，北京大学中国经济研究中心工作论文，2003年10月.

［59］Acemoglu Daron (1998), "Why Do New Technologies Complement Skills? Directed Technical Change and Wage Inequality"［J］. The Quarterly Journal of Economics, 1998, Vlo. 113 (4): 1055－1089.

［60］Acemoglu Daron (1999), "Changes in Unemployment and Wage Inequality: An Alternative Theory and Some Evidence"［J］. The American

Economic Review, Vol. 89 (5): 1259 – 1278.

[61] Acemoglu Daron (2002), "Technical Change, Inequality and the Labor Market" [J]. Journal of Economic Literature. Vol. 40 (1) : 7 – 72.

[62] Adrian Wood (2000), "Globalization and Wage Inequalities: A Synthesis of Three Theories", http://papers.ssrn.com/paper.taf?abstract_id=240458.

[63] Adrian Wood (1997), "Openness and Wage Inequality in Developing Countries: The Latin American Challenge to East Asian Conventional Wisdom" [J]. The World Bank Economic Review. Vol. 11.

[64] Amihai Glazer , Priya Ranjan (2003), "Preference Heterogeneity, Wage Inequality, and Trade" [J]. Journal of International Economics, Vol. (60): 455 – 469.

[65] Anderson Kym, Jikun Huang and Elena Ianchovichina (2004), "Will China's WTO Accession Worsen Farm Household Incomes?" [J]. China Economic Review, Vol. 15: 443 – 456.

[66] Anderson Edword (2005), "Openness and Inequality in Developing Countries: A Review of Theory and Recent Evidence" [J]. World Development, Vol. 33 (7): 1045 – 1063.

[67] Annabi Nabil, Bazlul H Khonder, Selim Raihan , John Cockburn and Bernard Decaluwe (2005), "Implications of WTO agreements and Domestic Trade Policy Reforms for Poverty in Bangladesh: Short vs. Long Run Impacts", SSRN working paper.

[68] Aitken, Brain, Harrison, Ann, 1999. "Do domestic firms benefit from direct foreign investment? Evidence from Venezuela" [J]. American Economic Review, Vol. 89: 605 – 618.

[69] Arbache J S (2001), Trade Liberalisation and Labour Markets in Developing Countries: Theory and Evidence. Mimeo, University of Brasilia and Unversity of Kent.

[70] Auto, D. H, L. F Katz and A. B Krueger (1998), "Computing Inequality: Have Computers Changed the Labour Market?" [J]. Quarterly Journal of Economics.

[71] Avalos Avtonio and Andreas Savvides (2006), "The Manufactur-

ing Wage Inequality in Latin America and East Asia: Openness, Technology Transfer, and Labor Supply" [J]. Review of Development Economics, Vol. 10 (4): 553 –576.

[72] Balassa, Bela (1985), "Exports, Policy Choice, and Economic Growth in Developing Countries after the 1973 Oil Shock" [J]. Journal of Development Economics, Vol. 18: 23 –35.

[73] Baldwin, Robert E and Glen G. Cain (2000), "Shifts in U S Relative Wages: The Role of Trade, Technology and Factor Endowments" [J]. Review of Economics and Statistics, Vol. 82: 580 –595.

[74] Blum Bernardo S (2008), "Trade, Technology, and the Rise of the Service Sector: The Effects on US Wage Inequality" [J]. Journal of International Economics, Vol. 74: 441 –458.

[75] Bairoch, Paul (1972): Free Trade and European Economic Development in the 19th Century [J]. European Economic Review, Vol. 3 (12): 211 –245.

[76] Barro (1991), "Economic Growth in a Cross Section of Countries" [J]. Quarterly Journal of Economics, Vol. 106.

[77] Barro (2000), "Inequality and Growth in a Panel of Countries" [J]. Journal of Economic Growth, Vol. 5 (1): 5 –32.

[78] Bellak Christian, Markus Leibrecht and Aleksandra Riedl (2008), "Labour Costs and FDI Flows into Central and Eastern European Countries: A Survey of the Literature and Empirical Evidence" [J]. Structural Change and Economic Dynamics, Vol. 19: 17 –37.

[79] Beghrens, Kristian, Carl Gaigne, Gianmarco I P, Ottaviano and Jacques-Francois Thisse, (2007), "Countries, Regions and Trade: On the Welfare Impacts of Economic Integration" [J]. European Economic Review, Vol. 51: 1277 –1301.

[80] Benhabib J , and Spiegel M M (1994), "The Role of Human Capital in Economic Development: Evidence from Aggregate Cross-Country Data" [J]. Journal of Monetary Economics, Vol. 34: 143 –173.

[81] Ben-David Dan (2001), "Trade Liberalization and Income Convergence: A Comment" [J]. Journal of International Economics, Vol. 55:

229 - 234.

[82] Berman E, J Bound and S. Machin (1994), "Implications of Skill-Biased Technological Change" [J]. Quarterly Journal of Economics, Vol. 109 (2): 367 - 397.

[83] Berman E, Bound J and Machin S (1998), "Implication of Skill Biased Technological Change: International Evidence" [J]. Quarterly Journal of Economics, Vol. 113: 1245 - 1279.

[84] Berman E and Machin S (2000), "Skill-Biased Technology Transfer around the World" [J], Oxford Review of Economic Policy, Vol. 16 (3): 12 - 22.

[85] Berman, E. J. Bound and Z. Griliches (1994), "Changes in the Demand for Skilled Labour: Evidence from the Annual Survey of Industries" [J], Quarterly Journal of Economics: 367 - 397.

[86] Beyer H, Rojas P and Vergara R (1999), "Trade Liberalization and Wage Inequality" [J]. Journal of Development Economics, Vol. 59 (1): 103 - 123.

[87] Bin Xu. Trade Liberalization (2003), "Wage Inequality, and Endogenously Determined Nontraded Goods" [J]. Journal of International Economics, Vol. 60: 417 - 431.

[88] Bigsten and Durevall, (2006), "Openness and Wage Inequality in Kenya, 1964 - 2000" [J]. World Development, Vol. 34 (3): 465 - 480.

[89] Bhalla S and Lawrence J. Lau (1992), "Openness, Technological Progress, and Economic Growth in Developing Countries" Working Paper (World Bank, Washington DC).

[90] Branko Milanovic, Lyn Squire (2005), "Does Tariff Liberalization Increase Wage Inequality? Some Empirical Evidence". NBER working paper, 11046.

[91] Borjas G R Freeman and L. Katz (1997), "How Much do Immigration and Trade Affect Labour Market Ourcomes?". Brooking Papers on Economic Activity, Vol. 1: 1 - 90.

[92] Bound J and G Johnson (1992), "Changes in the Structure of Wages in the 1980s: An Evaluation of Alternative Explanations" [J]. American

Economic Review: 371 -392.

[93] Bhagwati J (1991), "Free Traders and Free Immigrationists: Strangers or Friends?". Russel Sage Foundation working paper.

[94] Blomstrom, M. and Wolff, E., 1994. "Multinational corporations and productivity convergence in Mexico". NBER Working Paper, No. 3141.

[95] Braconier Henrik, Pehr-Johan Norback and Dieter Urban (2005), "Multinational Enterprises and Wage Costs Vertical FDI Revisited" [J]. Journal of International Economics, Vol. 67: 446 -470.

[96] Calderon C and Chong A (2001), "External of Sector and Income Inequality in Interdependent Economies Using a Dynamic Panel Data Approach" [J]. Economic Letters, Vol. 71 (2): 225 -231.

[97] Cantwell, John (1995), "The globalization of technology: what remains of the product cycle model?" [J]. Cambridge Journal of Economics, Vol. 19: 155 -174.

[98] Caves, Richard, (1974). "Multinational firms competition and productivity in host-country markets" [J]. Economica, Vol. 41, 176 -193.

[99] Chamarbagwala Rubiana, (2006). "Economic Liberalization and Wage Inequality in India" [J]. World Development, Vol. 34 (12): 1997 - 2015.

[100] Chen, C., Chang, L. and Zhang, Y. (1995), "The role of foreign direct investment in China post - 1978 economic development" [J]. World Development, Vol. 23: 691 -703.

[101] Chen Tain-Jy and Ying-Hua Ku. (2003), "The Effect of Overseas Investment on Domestic Employment", NBER woring paper, 10156.

[102] Chiquiar Daniel (2008), "Globalizatin, regional wage differentials and the Stolper-Samuelson Theorem: Evidence from Mexico" [J]. Journal of International Economics, Vol. 74: 70 -93.

[103] Clemens, Michael A. and Jeffrey G. Williamson: "A Tariff-Growth Paradox? Protection's Impact the World around 1875 - 1997", NBER Working Paper 8459, National Bureau of Economic Research, Cambridge, Mass (September), 2001.

[104] Clemens, Michael A. and Jeffrey G. Williamson (2002): "Why

did the Tariff-Growth Correlation Reverse After 1950?". NBER Working Paper 9181, National Bureau of Economic Research, Cambridge, Mass.

[105] Chaudhuri Sarbajit and Yabuuchi Shigemi (2006), "Economic Liberalization and Wage Inequality in the Presence of Labour Market Imperfection" [J]. International Review of Economics and Finance.

[106] Cheng, Y S (1996), "A Decomposition Analysis of Income Inequality of Chinese Rural Households" [J]. China Economic Review, Vol. 7 (2): 155 – 167.

[107] Currie, Janet and Ann E Harrison (1997), "Sharing the Costs: The Impact of Trade Reform on Capital and Labor in Morocco" [J]. Journal of Labor Economics, Vol. 15 (3): 44 – 71.

[108] Dalgin Muhammed, Devashish Mitra and Vitor Trindade (2004), "Inequality, Nonhomothetic Preferences and Trade: a Gravity Approach" NBER working paper, No. 10800.

[109] Davis D. R (1996), "Trade Liberalization and Income Distribution". NBER Working Paper, No. 5693.

[110] Deardorff A V (1994), "Overview of the Stolper-Samuelson Theorem", in A. V. Deardoff and R M Stern (eds), The Stolper-Samuelson Theorem: A Golden Jubilee [M] (Ann Arbor: The University of Michigan Press), 7 – 34.

[111] Deardorff A and D Haikura (1994), "Trade and Wage: What Are the Questions?" in J. Bhagwati and M. Kosters (eds.) Trade and Wages [M] (Washington DC, American Enterprise Institue), 76 – 107.

[112] Desjonqueres T, Machin S, and Van Reenen J. (1999), "Another Nail in the Coffin? Or Can the Trade Based Explanation of Changing Skill Structures be Resurrected?" [J]. Scandinavian Journal of Economics, Vol. 101: 533 – 554.

[113] Devashish Mitra, Vitor Trindade. Inequality and Trade [J]. NBER working paper, 2003: 10087.

[114] Dixit Avinash and Joseph E Stiglitz (1977), "Monopolistic Competition and Optimum Product Diversity" [J]. The American Economic Review, Vol. 67 (3): 297 – 308.

[115] Dixit A K and V Norman (1980), "Theory of International Trade" [M]. Cambridge University Press.

[116] Dollar, David and Aart Kraay (2002), "Growth Is Good for the Poor" [J]. Journal of Economics of Growth (US), Vol. 7 (3): 195 – 225.

[117] Dornbusch, Rudiger, Stanley Fischer, and Paul Samuelson (1980), "External Trade and Income Distribution". Paris: Organization for Economic Cooperation and Development.

[118] Dunning J (1998), "Globalization and the New Geography of Foreign Direct Investment" [J]. Oxford Development Studies, Vol. 26 (1): 47 – 70.

[119] Duncan. R, and Tian X (1999), "China's Inter-Provincial Disparities: An Explanation [J]. Communist and Post-Communist Studies", Vol. 32: 211 – 224,

[120] Edward. S (1992), "The Order of Liberalization of the External Sector in Developing Countries" [J]. Journal of Development Economics, Vol. 39 (7): 31 – 57.

[121] Edward Anderson (2006). Trade-induced Changes in Labor Market Inequalities: Current Findings and Methodological Issues. Annual World Bank Conference on Development Economics (ABCDE), Tokyo May 29th – 30th

[122] Edwards Sebastian (1993), "Openness, Trade Liberalization and Growth in Developing Countries" [J]. Journal of Economic Literature. Vol. 31 (3): 1358 – 1393.

[123] Edward Anderson (2005) Openness and Inequality in Developing Countries: A Review of Theory and Recent Evidence [J]. World Development Vol. 33 (7).

[124] Feenstra, R. and G. Hanson (1995), "Foreign Investment, Outsourcing and Relative Wages". NBER working paper, No. 5121.

[125] Feenstra, R. and G. Hanson (1997), "Foreign direct investment and relative wages: evidence from Mexico's maquiladoras" [J]. Journal of International Economics, Vol. 42: 371 – 394.

[126] Freeman R B, and Katz L F (1991), "Industrial Wage and Em-

ployment Determination in an Open Economy" [M]. In Abowd, J M Freeman R B (eds). Immigration, Trade and the Labor Market, Chicago: University of Chicago Press.

[127] Freenstra R C and Hanson G (2000), "Aggregation Bias in the Factor of Content of Trade: Evidence from US Manufactuing" [J]. American Economic Review, Papers and proceedings, Vol. 90: 155 - 160.

[128] Freenstra R C and Hanson G (1999), "The Impact of Outsourcing and High-technology Capital on Wages: Estimates for the United States 1979 - 1990" [J]. Quarterly Journal of Economics, Vol. 114: 907 - 940

[129] Fischer, R (2001), "The Evolution of Inequality after Trade Liberalisation" [J]. Journal of Development Economics, Vol. 66 (2): 555 - 579.

[130] Frankel Jeffrey A and David Romer (1999), "Does Trade Cause Growth" [J]. American Economic Review, Vol. 89 (3): 379 - 399.

[131] Freeman R B and Oostendrop R. H (2001), "The Occupational Wages around the World Data File" [J]. International Labour Review, Vol. 140: 379 - 401.

[132] Fujita. M and Hu. D (2001), "Regional Disparity in China 1985 - 1994: the Effect of Globalization and Economic Liberalization" [J]. Annals of Regional Science, Vol. 35: 3 - 37.

[133] Fujita, M., Krugman, P., & Venables, A. The Spatial Economy: Cities, Regions and International Trade [M]. Cambridge, MA (1999): MIT Press.

[134] Gallup, J (2002), "The Wage labour Market and Inequality in Vietnam in the 1990s". Policy Research Working Paper 2896. World Bank.

[135] Gaston N and Tefler D (1995), "Union Wage Sensitivity to Trade and Protection: Theory and Evidence" [J]. Journal of International Economics, Vol. 39: 1 - 25.

[136] Geroski P A (1989), "Entry, Innovation and Productivity Growth" [J]. The Review of Economics and Statistics, Vol. 71: 572 - 578.

[137] Glazer Amihai and Priya Ranjan (2003), "Preference Heterogeneity, Wage Inequality and Trade" [J]. Journal of International Economics,

Vol. 60: 455 - 469.

[138] Gindling T H and Robbins D (2001). "Patterns and Sources of Changing Wage Inequality in Chie and Costa Rica During Structural Adjustment" [J]. World Development, Vol. 29 (4): 725 - 745.

[139] Goldberg Pinelopi Koujianou (2004), "Trade, Inequality, and Poverty: What do We Know? Evidence from Recent Trade Liberalization Episodes in Developing Countries". NBER working papers, No. 10593.

[140] Gorg H and Strobl E (2002), "Relative Wages, Openness and Skill-Biased Technological Change". Discussion Paper, 596, Institute for the Study of Labour (IZA). Bonn.

[141] Gourdon Julien (2006), "Openness and Inequality in Developing Countries: A New Look at the Evidence". MPRA Working Paper, No. 4176.

[142] Gourdon Junlien, Nicolas Maystre and Jaime de Melo (2006), "Openness, Inequality and Poverty: Endowments Matter". World Bank Policy Research Working Paper, No. 3981.

[143] Green F, Dickerson, A and Saba Arbache J (2001), "A Picture of Wage Inequality and the Allocation of Labor through a Period of Trade Liberalizaton: The Case of Brzail" [J]. World Development, Vol. 29 (11): 1923 - 1939.

[144] Greenhalgh C, Gregory M, and Zissimos B (1998), "The Labor Market Consequences of Technical and Structural Changes". Center for Economic Performance LSE/ University of Oxford, Discussion Paper, No. 29.

[145] Griliches, Z (1969), "Captital-Skill Complementarity" [J]. Review of Economics and Statistics, Vol. 51: 465 - 468.

[146] Grossman G (1987), "The Employment and Wage Effects on Import Competition in the United States" [J]. Journal of International Economic Integration, Vol. 2: 1 - 23.

[147] Gustafsson Bjorn and Li Shi (1998), "Inequality in China at the End of 1980s: Lavational Aspects and Household Characteristics" [J]. Asian Economic Journal, Vol. 12 (1): 35 - 63.

[148] Gustafsson Bjorn and Li Shi (2002), "Income Inequality within and Across Countries in Rural China 1988 and 1995" [J]. Journal of Develop-

ment Economics, Vol. 69: 179 – 204.

[149] Haddad, M. and Harrison, A. (1993), "Are there positive spillovers from direct foreign investment? Evidence from panel data for Morocco" [J]. Journal of Development Economics, Vol. 42: 51 – 74.

[150] Hanson G. H and Harrison A. E (1999), "Trade Liberalization the Wage Inequality in Mexico" [J]. Industrial Labor Relations Review, Vol. 52 (2): 271 – 288.

[151] Harrison Anne (1994), "Productivity, Imperfect Competition, and Trade Reform: Theory and Evidence" [J]. Journal of International Economics, Vol. 36: 53 – 73.

[152] Harrison Anne (1996), "Openness and Growth: A Time-Series Cross-country Analysis for Developing Countries" [J]. Journal of Development Economics, Vol. 48 (2): 419 – 447.

[153] Harrison Ann and Edward Leamer (1997), "Labor Markets in Developing Countries: An Agenda for Research" [J]. Journal of Labor Economics, Vol. 15 (3): 1 – 19.

[154] Harrigan James and Rita A Balaban (1999), "Us Wages in General Equilibrium: The Effects of Prices, Technology and Factor Supplies, 1963 – 1991". NBER Working Paper, No. 6981.

[155] Haskel Jonathan and Matthew J Slaughter (2001), "Trade, Technology and U K Wage Inequality" [J]. Economic Journal, Vol. 111: 163 – 187.

[156] Haskel J, and Slaughter M J (1998), "Does the Sector Bias of Skill-Biased Technical Change Explain Changing Skill Differentials", NBER Working Paper, No. 6565.

[157] Haskel J, and Slaughter M J (2000), "Have Falling Tariffs and Transportation Costs Raised US Wage Inequality" [J]. Queen Mary and Westfield College, mimeo.

[158] Helpman E and P Krugman (1985), "Market Structure and Foreign Trade" [M]. Cambridge: MIT.

[159] Helliwell, John F and Alan Chung (1991), "Macroeconomic Convergence: International Transmission of Growth and Technical Progress",

NBER Working Paper.

[160] Heyman Fredrik, Fredrik Sjoholm, Patrik Gustavsson Tingvall (2007), "Is There Really a Foreign Ownership Wage Premium? Evidence from Matched Employer-Employee Data" [J]. Journal of International Economics, Vol. 73: 355 –376.

[161] Higgins M and Williamson J G (1999), "Explaining Inequality the World Round: Cohort Size, Kuznets Curve and Openness", NBER Working Paper, 7224.

[162] Howes, S and Hussain A (1994), "Regional Growth and Inequality in Rural China". Working Paper, London School of Economics.

[163] Hussain. A, Lanjouw P and Stern N (1994), "Income Inequality in China: Evidence from Household Survey Data" [J]. World Development, Vol. 22 (12): 1947 –1957.

[164] Hsiao, M. W (1987), "Tests of Causality and Exogeneity Between Exports and Economic Growth: The Case of the Asia NICs" [J]. Journal of Economic Development, Vol. 12 (2): 143 –159.

[165] Irwin, Douglas A and Tervio Marko (2002), "Does Trade Raise Income? Evidence from the Twentieth Century" [J]. Journal of International of Economics, Vol. 58: 1 –78.

[166] Jenkins, R. and Sen, K. (2006). Inter national trade and employment outcomes in the South: four country case studies [J]. Journal of International Development, forthcoming.

[167] Jian T, Sachs J D and Warder A. M (1996), "Trends in Regional Inequality in China" [J]. China Economic Review, Vol. 7 (1): 1 –21.

[168] Jones R. W (1999), "Heckscher-Ohlin Trade Models for the New" [M]. MIT Press, Cambridge MA.

[169] Jorge Saba Arbache. Trade Liberalization and Labor Markets in Developing Countries: Theory and Evidence, http: //papers. ssrn. com/sol3/papers. cfm? abstract_id =290248 2001.

[170] Jung, W and P Marshall (1985), "Exports, Growth and Causality in Developing Countries" [J]. Journal of Development Economics,

Vol. 18: 241 – 250.

[171] Kanbur R, and Zhang X (1999), "Which Regional Inequality? The Evolution of Rural-Urban and Inland-Coastal Inequality in China" [J]. Journal of Comparative Economics, Vol. 27: 686 – 701.

[172] Katics MM and B C Petersen (1994), "The Effect of Risin Import Competition on Market Power: A Panel Data Study of US Manufacturing" [J]. Journal of Industrial Economics, Vol. 52, 277 – 286.

[173] Katz L F and Murphy K M (1992), "Changes in Relative Wages, 1963 – 1987: Supply and Demand Factors" [J]. Quarterly Journal of Economics, Vol. 107: 35 – 78.

[174] Knight J B and Song L (1993), "The Spatial Contribution to Income Inequality in Rural China" [J]. Cambridge Journal of Economics, Vol. 17: 195 – 213.

[175] Knight, John and Lina Song (1999), "The Rural-Urban Divide: Economi Disparities and Interactions in China" [M]. Oxford: Oxford Unverity Press.

[176] Kravis, Irving B and Robert E. Lipsey (1988), "The Effect of Multinational Firms' Operations on their Domestic Employment". NBER working paper, 2760.

[177] Kruger, Anne O and Baran Tuncer (1982), "An Empirical Test of the Infant Industry Argument" [J]. The American Economic Review, Vol. 72 (5): 1142 – 1152.

[178] Kruger Alan (1997), "Technology, Duality and Foreign Trade" [M]. Ann Arbor, University of Michigan Press.

[179] Krugman P (1980), "Scale Economies, Product Differentiation and the Pattern of Trade" [J]. The American Economic Review, Vol. 70 (5): 950 – 959.

[180] Krugman P. (1995), "Growing World Trade: Cause and Consequences", Brookings Papers on Economic Activity. No. 1: 327 – 362.

[181] Krugman, P. (2000), "And Now for Something Completely Different: An Alternative Model of Trade, Education and Inequality", in R. Feenstra (ed.), The International Trade on Wages [M], Chicago: The Uni-

versity of Chicago Press.

[182] Kunst, Robert M and Dalia Marin (1989), "On Exports and Productivity: A Causal Analysis" [J]. The Review of Economics and Stastistics, Vol. 71: 699 -703.

[183] Kohli Ulrich (1991), "Technology Duality and Foreign Trade" [M]. Ann Arbor: University of Michigan Press.

[184] Kokko, Ari, 1994. "Technology, market characteristics, and spillovers" [J]. Journal of Development Economics, Vol. 43: 279 -293.

[185] Kokko, Ari, Tansini, R. and Zejan, M. C. (1996), "Local technological capability and productivity spillovers from FDI in the Uruguayan Manufacturing sector" [J]. Journal of Development Studies, Vol. 32 (4): 602 -611.

[186] Lawrence R Z and Slaughter M J (1993), "International Trade and American Wages in the 1980s: Giant Sucking Sound or Small Hiccup", Brooking Papers on Economic Activity, Vol. 2: 161 -226.

[187] Leamer, E , E, (1994), "Trade, Wages and Revolving-Door Ideas". NBER Working Paper, No. 4716.

[188] Leamer, E. E (1996), "Wage Inequality from International Competition and Technological Change: Theory and Country Experience" [J]. American Economic Review, Vol. 96: 309 -314.

[189] Leamer, E. E (1998), "In Search of Stolper-Samuelson Effects on US Wages" In: Colllins, S (ed) Exports, Imports and the American Worker, Washington DC: The Brookings Institution.

[190] Lee J (2000), "Changes in the Source of China's Regional Inequality" [J]. China Economic Review, Vol. 11: 232 -245.

[191] Lecine, Ross and David Renelt. (1992), "A Sentivity Analysis of Cross-Country Growth Regressions" [J]. America Econconmic Revies, Vol. 84 (4): 942 -963.

[192] Levinsohn, J (1999), "Employment Responses to International Liberalization in Chile" [J]. Journal of International Economics, Vol. 47 (2): 321 -344.

[193] Leamer, E (1988), "Measures of Openness" in R. Baldwin,

ed. Trade Policy Issues and Empirical Analysis [M]. Chicago: University of Chicago Press.

[194] Li, Xiaoying, Liu, Xiaming and Parker David (2001), "Foreign direct investment and productivity spillovers in the Chinese manufacturing sector" [J]. Economic Systems, Vol. 25, 305 - 321.

[195] Lipsey Rober E (1994), "Outward Direct Investment and the Us Economy". NBER Working Paper, No. 4691.

[196] Lipsey, Robert E. Irving B. Kravis and Romualdo A. Roldan. (1982), "Do Multinational Firms Adapt Factor Proportions to Relative Factor Prices". In Anne Krueger (ed.) Trade and Employment in Developing Countries [M], Chicago: University of Chicago Press, 215 - 255.

[197] Lopez, Ramon (1990), "Economic Growth, Capital Accumulation and Trade Policy in LDCs". Trade Policy Division, Country Economics Department, World Bank, Washington, DC, July.

[198] Lu Zhigang and Shunfeng Song (2006), "Rural-Urban Migration and Wage Determination: The Case of Tianjin, China" [J]. China Economic Review.

[199] Lucas R E (1990), "Why Doesn't Capital Flow from Rich to Poor Countries?" [J]. American Economic Review, Papers and Proceedings, Vol. 80: 92 - 96.

[200] Lundurg, M and Squire, L (2003). "The Simultaneous Evolution of Growth and Inequality" [J]. Economic Journal, Vol. 113 (487): 326 - 344.

[201] Lyons T P (1991), "Interprovincial Disparities in China's Regional Inequality" [J]. China Economic Review, Vol. 11: 232 - 245.

[202] Machin S (1996), "Changes in Relative Demand for Skills". In Booth, A L, Snower D. J (eds) Acquiring Skills: Market Failures, Their Symptoms and Policy Responses [M]. Cambridge: Cambridge University Press.

[203] Maia K (2001). "The Impact of Trade, Technology and final Demand on the Structure of Employment in Brazil, 1985 - 1998. ". Proceedings of the Workshop on Trade Liberalization and the Labor Market in Brazil. Brasilia:

UnB/IPEA.

[204] Marquez. Gustava and Carmen Pages-Serra (1998), "Trade and Employment: Evidence from Latin America and the Caribbean". WP－366, Intern-American Development. Bank Washingtong DC.

[205] Manasse Paola and Alessandro Turrini (2001), "Trade, Wages and 'Superstars'" [J]. Journal of International Economcis, Vol. 54: 97－117.

[206] Mazumdarj and Quispe-Agnoli M (2002), "Trade and the Skill Premium in Developing Countries: the Role of Intermediate Goods and Some Evidence from Peru." Working Paper, No. 2002－11, Federal Reserve Bank.

[207] Menon Nidhiya and Yana Van der Meulen Rodgers (2006), "The Impact of Trade Liberalization on Gender Wage Differentials in India's Manufacturing Sector". SSRN Working Paper.

[208] Michael R T (1973), "Education in Nonmarket Production" [J]. Journal of Political Economics, Vol. 81: 306－327.

[209] Mitra Devashish and Vitor Trindade (2003), "Inequality and Trade". NBER Working Paper, No. 10087.

[210] Muhammed Dalgin, Devashish Mitra, Vitor Trindade (2004), "Inequality, Nonhomthetic Preferences, and Trade: A Gravity Approach" [J]. NBER Working Paper: 10800.

[211] Nahuis Richard (2004), "The Magnification Effect of Trade on Wages with Endogenous Technology" [J]. Economic letters, Vol. 85: 111－116.

[212] Nishimizu, M and Sherman Robinson (1984), "Trade Policies and Productivity Change in Semi-industrialized Countries" [J]. Journal of Development Economics, Vol. 16: 177－206.

[213] Nishimizu, M and John M Page (1990), "Trade Policy, Market Orientation and Productivity Change in Industry". In J, de Melo and A Sapir, eds, Trade Theory and Economic Reform North, South and East [M]. Oxford University Press, New York.

[214] Noguer Marta and Marc Siscart (2005), "Trade Raises Income: a Precise and Robust Result" [J]. Journal of International Economics, Vol. 65:

447 -460.

[215] O'Connner, D, and Lunati M (1999), "Economic Opening and the Demand for Skills in Developing Countries: A Review of Theory and Evidence". Technical Paper No. 99/6, OECD Development Centers.

[216] Onarnan Ozlem and Engelbert Stockhammer (2008), "The Effect of FDI and Foreign Trade on Wages in the Centrol and Easten European Countries in the Post-transition era: A Sectoral Analysis for the Manfacuring Industry" [J]. Structrual Change and Economic Dyanmics, Vol. 19: 66 -80.

[217] Paolo Manasse , Alessandro Turrini (2001). "Trade, Wages, and 'Superstars'" [J]. Journal of International Economics, Vol. 54: 97 - 117.

[218] Panagariya, A. (2000a), Technology and Wage Inequality in North and South, mimeo.

[219] Panagariya, A. (2000b), Trade Openness: Consequences for the Elasticity of Demand for Labour and Wage Outcomes, mimeo.

[220] Papageorigiou Demetris, Michael Michaely and Armeane M. Choksi, eds (1991). Liberalizing Foreign Trade [M]. Vol. 1. 7. Oxford: Blackwell.

[221] Peng Y (1999), "Agricultural and Nonagricultural Growth and Intercounty Inequality in China, 1985 - 1991" [J]. Modern China Vol. 25 (3): 235 -263.

[222] Perez, Tommaso, 1997. "Multinational enterprises and technological spillovers: an evolutionary model" [J]. Journal of Evolutionary Economics, Vol. 7 (2), 169 -192.

[223] Pinelopi Koujianou Goldberg, Nina Pavcnik (2004). "Trade, Inequality, and Poverty, What do we Know? Evidence from Recent Trade Liberalization Episode in Developing Countries" . NBER Working Paper: 10593.

[224] Pissarides C A (1997), "Learning by Trading and Returns to Human Capital in Developing Countries" [J]. World Bank Economic Reviews, Vol. 11: 17 -32.

[225] Ravallion, Martin (2001) "Growth, Inequality and Poverty: Looking Beyond Averages" [J]. World Development, Vol. 29: 1803 -1815.

[226] Ravallon , Martin and Guarav Datt (2002), "Why Has Economic Growth Been More Pro-Poor in Some States of India Than Others?" [J]. Journal of Development Economics, Vol. 68 (2): 381 -400.

[227] Ram, R. (1985), "Exports and Economic Growth: Some Additional Evidence" [J]. Economic Development and Cultural Change, Vol. 33 (2): 415 -425.

[228] Rama M (2003), "Globalisation and Workers in Developing Countries." Policy Research Working Paper, 2958, World Bank.

[229] Revenga. C. A (1992), "Exporting Jobs? The Impact of Import Competition on Employment and Wages in US Manufacturing" [J]. Quarterly Journal of Economics, Vol. 107: 255 -284.

[230] Robbins D J (1996), "Evidence on Trade and Wages in the Developing World". Technical Paper, Vol. 119, OECD Development Center.

[231] Robbins D. J and Gindling T H. (1999), "Trade Liberalisation and the Relative Wages of More-Skilled Workers in Costa Rica" [J]. Review of Development Economics, Vol. 3 (2): 140 -154.

[232] Robertson R (2000), "Trade Liberalisation and Wage Inequality: Lessons from the Mexican Experience" [J]. The World Economy, Vol. 23 (6): 827 -849.

[233] Rodriguez Francisco and Dani Rodrik. (2001), "Trade Policy and Economic Growth: A Sceptic's Guide to the Cross-National Evidence". NBER Macroeconomics Annual 2000. Cambridge, MA: MIT Press, 261 - 324.

[234] Rodick D (1993), "Trade and Industrial Policy Reform in Development Countries: A Review of Recent Theory and Evidence" NBER working parper, No. 4417.

[235] Rosen, S (1968), "Short-sun Employment Variation on Class-I Railroads in The US, 1947 -63" [J]. Econometrica, Vol. 36: 511 -529.

[236] Rozelle A (1994), "Rural Industrialization and Increasing Inequality: Emerging Patterns in China's Reforming Economy" [J]. Journal of Comparative Economics, Vol. 19: 362 -391.

[237] Richard Nahuis (2004), "The Magnification Effect of Trade on

Wages with Endogenous" [J]. Technology Economics Letters, Vol. 85: 111 - 116.

[238] Sachs, JD, Shatz, H. J (1994), "Trade and Jobs in US Manufacturing" [M]. Brooking Papers on Economics, 1 - 84.

[239] Schill M and A. Valdes (1992), "The Political Economy of Agricultural Pricing Policy" Vlo. 4: A Synthesis of the Economics in Developing Countries [M], The Johns Hopkins University Press, Baltimore, MD.

[240] Sen. K and S. Chand (1999), "Competitive Pressures from Trade Exposure: Evidence from Indian Manufacturing" [J]. Indian Economic Review, Vol. 34 (2): 113 - 126.

[241] Slaughter Matthew. J (1998), "What are the Results of Product-Price Studies and What Can We Learn from Their Differences". NBER Working Paper, No. 6591.

[242] Slaughter Matthew. J (1995), "Multinational Corporations, Outsourcing and American Wage Divergence". NBER Working Paper, No. 5253.

[243] Slaughter Matthew. J (2001), "Trade Liberalization and per Capital Income Convergence: a Difference-in-Difference Analysis" [J]. Journal of International Economics, Vol. 55: 203 - 228.

[244] Slaughter Mattew. J (1999), "Globalisation and Wages: A Tale of Two Perspectives" [J], World Economy, Vol. 22: 609 - 629.

[245] Susan Chun Zhua, Daniel Treflerb. Trade and Inequality in Developing Countries: A General Equilibrium Analysis [J]. Journal of International Economics, 2005 (65) : 21 - 48.

[246] Stolper, WF, Samuelson P. A (1941). "Protection and Real Wages" [J]. Review of Economic Studies, Vol. 9: 58 - 73.

[247] Spilimbergo. A, Londono, J. L, and Szekely, M (1999), "Income Distribution, Factor Endowment, and Trade Openness" [J]. Journal of Development Economics, Vol. 59: 77 - 101.

[248] Syrquin M. and H. Chenery (1989) "Three decades of Industrializaion" [J]. The World Bank Economic Review (3): 145 - 181.

[249] Te Velde. D. W (2003), "Foreign Direct Investment and Income Inequality in Lartin America: Experiences and Policy Implications'",

London: Overseas Development Institute.

[250] Te Velde d W and Morrissey O (2004), "Foreign Direct Investment, Skills and Wage Inequality in East Asia" [J]. Journal of the Asia Pacific Economy, Vol. 9 (3): 348 – 369.

[251] Teal. F (2000), "Real Wages and the Demang for Skilled and Unskilled Male Labour in Ghana's Manufacturing Sector: 1991 – 1995" [J]. Journal of Development Economics, Vol. 61 (2): 447 – 461.

[252] Thomas. V et al. , eds (1991), Restructuring Economies in Distress: Policy Reform and the World Bank [M]. Oxford and New York: Oxford University Press.

[253] Tsui. K. Y (1993), "Decomposition of China's Regional Inequality" [J]. Journal of Comparative Comparative Economics, Vol. 17: 600 – 627.

[254] Tsui, K. Y (1998), "Trends and Inequality of Rural Welfare in China: Evidence from Rural Households in Guangdong and Sichunan" [J]. Journal of Comparative Economics, Vol. 26: 783 – 804.

[255] Ventrua. J (1997), "Growth and Interdependence" [J]. Quarterly Journal of Economics, Vol. 112: 57 – 84.

[256] Wang Jian-Ye and Blomstrom, M. , 1992. "Foreign investment and technology transfer: a simple model" [J]. European Economic Review, Vol. 36: 137 – 155.

[257] Wei , Shang-Jin and Yi Wu (2001), "Globalization and Inequality: Evidence fromwithin China" NBER Working Paper, No. 8611.

[258] Wheeler, David and Ashoka Mody (1992), "International Investment Location Decisions" [J]. Journal of International Economocs, Vol. 33: 55 – 76.

[259] Winters. L. Alan, Neil McCulloch and Andrew McKay (2004), "Trade Liberalization and Poverty: The Evidence so Far" [J]. Journal of Economic Literature, Vol. 42 (1): 72 – 115.

[260] White, Howard and Edward Anderson. (2001) "Growth Versus Distribution: Does the Pattern of Growth Matter" [J]. Development Policy Review, Vol. 19 (3): 267 – 289.

[261] World Bank (1997), "Sharing Rising Incomes". The World Bank Washington DC.

[262] Wood, A. (1994), "North-South Trade, Employment and Inequality: Changing Fortunes in a Skill-Driven World" Oxford: Clarendon Press.

[263] Wood, A. (1995), "How Trade Hurt Unskilled Workers" [J]. Journal of Economic Perspectives, Vol. 9 (3): 57 - 80.

[264] Wood, A. (1997), "Openness and Wage Inequality in Developing Countries: The Latin American Challenge to East Asian Conventional Wisdom" [J]. The World Bank Research Observer, Vol. 11: 33 - 57.

[265] Wood, A. (2002), "Globalization and Wage Inequalities: A Synthesis of Three Theories" [J]. Weltwirtchafliches Archiv, Vol. 138 (1): 54 - 82.

[266] Wood, A. (2003), "Could Africa be Like America", in B. Pleskovic and N. Stern eds, ABCDE: The New Reform Agenda, 163 - 200.

[267] Wu Yanrui (2000), "Measuring the Performance of Foreign Direct Investment: A Case Study of Chins" [J]. Economic Letter, Vol. 66 (2): 143 - 150.

[268] Wu Xiaodong (2000), "Foreign Direct Investment, Interllectual Porperty Rights and Wage Inequality in China" [J]. China Economic Review, Vol. 11: 361 - 384.

[269] Xu Bin (2003), "Trade Liberalization, Wage Inequality and Endogenously Determined Nontraded Goods" [J]. Journal of International Economics, Vol. 60: 417 - 431.

[270] Xu Lixin Colin and Heng-fu Zou (2000), "Explaining the Changes of Income Distribution in China" [J]. China Economic Review, Vol. 11: 149 - 170.

[271] Yang. D. T, Zhou H (1999), "Rural-Urban Disparity and Sectoral Labour Allocation in China" [J]. Journal of Development Studies, Vol. 35: 105 - 133.

[272] Yao. S. (1997), "Industrialization and Spatial Income Inequality in Rural China, 1986 - 1992" [J]. Economics of Transition, Vol. 5 (1): 97 - 112.

[273] Yao Shujie and Zongyi Zhang (2001), "On Regional Inequality and Diverging Clubs: A Case Study of Contemporary China" [J]. Journal of Comparative Economics, Vol. 29: 466 – 484.

[274] Zhang Junsen, Yaohui Zhao, Albert Park and Xiaoqing Song (2005), "Economic Returns to Schooling in Urban China 1988 to 2001" [J]. Journal of Comparative Economics, Vol. 33: 730 – 752.

[275] Zhang, Hong (2004), "Mitigating Farmers Burden and Protecting Their Rights" [J]. In Bing Liu, Zhaogang Zhang and Gong Huo (Eds), China Farming Countryside and Peasantry Issue Report, 401 – 425. Beijing: China Development Press.

[276] Zhang. P (1997), "Income Distribution During Transition in China". Discussion Paper, No. 138, Wider Helsinki Finland.

[277] Zhu Susan Chun and Daniel Trefler (2005), "Trade and Inequality in Developing Countries: a General Equilibrium Analysis" [J]. Journal of International Economics, Vol. 65: 21 – 48.

后　记

今年暑假回老家，偶然听到妈妈和朋友在说："我怎么也没有想到我的傻姑娘，30 多岁了还在读书……"蓦然惊醒，晃晃悠悠的日子，原来我早已过了而立之年，这篇由博士论文而成的专著当是读书生涯的一个总结，又是人生另一段历程开始的起点吧。

从山西来到江浙一带已近 10 年时间，一开始文化的碰撞、饮食的不同、季节气候的迥然以及人际交往、价值观等的差异都让我极其不适应而且处处碰壁，当然，现在很感谢这种碰撞和差异，使我受益颇多。这其中感受最为深刻的是收入差距，山西虽然有扬富在外的煤老板，但财富的集中性和大多居民收入的偏低却是不争事实，而在浙江，用藏富于民来形容一点不为过。于是我想到了研究收入差距，结合到自己的专业背景以及中国日益开放的现状，我选择了开放与中国居民收入关系的研究作为我的论文方向。

曾经有人说过，魔鬼藏于细节之中，我的导师赵伟就是这样一个务实认真和尽善尽美的学者，这种治学态度也使他的弟子们受益终生。在论文写作和完成过程中，导师不仅从大的框架和脉络引领我们本书的研究方向，在语言使用文字编排甚至标点符号上他也会亲力亲为，追求完美。在导师的影响和带领下，我们形成了一个严谨务实的科研团队，师门里每一位同学的本书都是在整体团队的互助和合作下完成的，我的感激之意难以表达。在科研之外，导师的正直善良可爱随处可见，看到有人把车停到草坪上，他会直言相告，不能破坏环境；汶川地震，他捐出一笔不菲善款；有一次居然把毛衣反穿，依据是他认为正面是"formal"，反面是"informal"……在这样一个我为财狂，我为权狂的社会里，在这样一个浮躁学术环境里，导师反而像是一个边缘人，守着知识分子的良知和责任，孤独的耕耘，热心时事，关注现实，却冷眼旁观不同流合污，清高而淡定地前行着。

我大概命属火性的，横冲直撞，勇往直前。一旦遇到困难或者想不开的时候，就把自己乌七八糟的情绪统统发泄给家人。现在回头想想，如果没有先生的宽容支持、鼎力相助，没有家人温暖宽松的氛围，这个书是无论如何也读不下去的。只是可怜了我的先生，我这样率性的个性，又修炼成传说中的第三种人，不知以后的岁月里他还要忍受怎样的折磨呢，哎……

书稿付梓之际，留有诸多遗憾，考察我国居民收入差距问题的角度过于狭隘，如果能对中国的制度因素、地区差别以及教育等问题与我国居民收入关系的研究有所涉及的话，本书考察的角度会更加广泛并具有说服力；缺乏开放与收入关系的经济模型也是本书的一大缺陷，对实证结果解释的乏力更显示了理论联系实际能力的欠缺。本书也从侧面反映了我终归没有逃出我们这一代科研者共有的一些缺陷，注重计量而忽略经济意义，注重细节而欠缺全局观，注重理论而脱离实际，注重学术而远离政策。到我出下本书之际，上述问题希望能有较大的提升空间和改进余地。

一直梦想成为一名文学青年的我，最终还是手执三尺教鞭，站在了大学讲台上。本书的结尾，我歪歪扭扭地作了一首我自己称为是“诗”的东西，是总结，也是展望：

岁月对于女人来讲
是眼角的皱纹，是失去光泽的发丝
是一去不复返的青春和日渐老去的年华
但岁月之于女人最大的成长
是心智的获得，是心态的淡定
是经验学识的丰富和日渐成熟的人格
我热爱岁月，热爱时间
将身后的那扇门轻轻关上
必有崭新饱满的人生等我徜徉

赵晓霞

2010 年 11 月于上海